Tout faire dans une

Mini cuisine

avec

4 USTENSiLES

Tout faire dans une

Mini cuisine

avec

4 USTENSiLES

@Leo.Bergine

Photographies
JORDAN LANDAVERDE

Stylisme
CHLOË PRESTWICH

SOLAR

Fais-toi ce kif !

Salut, moi c'est Léo, et vous me connaissez peut-être sous le pseudo Léo Bergine.

Je me suis fait virer de mon taf un jour que j'y suis allé en titubant, et j'ai dû fermer mon entreprise quelques années plus tard... Attends, retour en arrière, je vais tout t'expliquer.

Petit, je voulais être cuisinier, et après avoir terminé ma formation pour le devenir, grosse désillusion, c'était pas du tout ce à quoi je m'attendais.

Je pensais que j'allais pouvoir créer, être assez libre pour apprendre et tester de nouvelles recettes régulièrement, mais je me suis vite rendu à l'évidence : tout ça, c'est réservé à ceux qui se donnent corps et âme au métier, avec une passion sans pareille. Je suis très admiratif de ces personnes qui peuvent encaisser la chaleur, la pression et l'adrénaline d'un service durant aussi longtemps – moi, ça me foutait la boule au ventre.

Juste avant le Covid, je me suis fait virer de mon taf, par ma faute : j'avais un peu trop fêté le Nouvel An, ça la fout mal sur un menu à 300 balles où tout doit être parfait et, clairement, j'étais à peine capable d'envoyer les plats. Alors, je me retrouve sans job, tous les restaurants sont fermés, de toute façon j'ai aucune envie d'y retourner, un loyer à payer... Qu'est-ce qu'on fait, dans ces cas-là ? Une dépression, bien sûr. Deux mois à passer du canap' à mon lit, ayant pour seul repas de la malbouffe consommée devant des séries pas ouf, mon coloc et mon ex impuissants face au déchet que j'étais en train de devenir.

Pourtant, il a suffi qu'un ami passe à la maison, en plein couvre-feu, et me lance une de ses idées farfelues, tellement attirante par sa simplicité à mettre en place. C'est ainsi que j'ai créé « Ça mijote chez Léo » : un traiteur pas comme les autres qui faisait à manger dans son appart', sans aucune autorisation mais avec toutes les compétences nécessaires pour que ça dure un bon moment, et avec 99 % de clients satisfaits – et 0 mort à mon actif.

Bon, j'ai tout de même fini par me rendre compte que c'était dangereux d'exercer dans ces conditions et j'ai dû fermer mon entreprise, lâcher mon appart' direction chez mes grands-parents, à 25 ans, chez qui je vis depuis presque 1 an.

À ce moment précis, je ne savais vraiment plus quoi faire de ma vie.

Et vous savez ce qui m'a une nouvelle fois mis sur le bon chemin ? Discuter avec un ami, tout simplement. Il a balayé sans le savoir toutes les excuses qui m'empêchaient de me lancer sur les réseaux, et c'est là qu'est né Léo Bergine.

Dans ma vision réaliste des choses, c'était une page qui allait me servir à faire un peu de com' pour d'autres projets de restauration. Mais ce qui est fou, c'est que j'ai commencé à en vivre !

Alors, pour ça, un très grand merci ! Parce que c'est grâce à vous, qui regardez mes recettes et laissez un max d'amour sur elles !

Bisous, et surtout n'oubliez jamais de vous faire ce kif.

Sommaire

Les astuces pour commencer l'aventure sereinement

Si tu ne prends pas en compte les quelques trucs et astuces que je vais te donner, tu vas sûrement continuer à faire plein d'erreurs.

LES TRUCS ET ASTUCES
D'UN CUISINIER =
50 % DU JOB

Apprends à jouer sur l'équilibre des saveurs

Si c'est trop gras, rajoute de l'acidité. Si c'est trop sucré, pareil. Si c'est trop acide, rajoute du sucre ou du gras. Si c'est trop salé, t'es amoureux, y a plus rien à faire pour toi ! Si c'est fade, rajoute du sel, une épice ou un condiment.

L'idée, c'est d'avoir un équilibre entre les saveurs dans ton assiette. Il faut savoir qu'il est différent pour chacun mais qu'il y a tout de même moyen de trouver quelque chose d'assez juste pour tout le monde.

Exemple : ta sauce tomate est acide ? Rajoute un peu de sucre et d'huile d'olive, fais mijoter le tout 5 minutes de plus, magie : maintenant, elle est parfaite !

Ton plat est fade ? Il manque sûrement de sel. Tu vois le topo ?

En gros, s'il y a un truc qui coince, faut se poser la question : quelle saveur prend le dessus ? À partir de là, tu peux ajuster pour retrouver l'équilibre. Et surtout, quand on est aux fourneaux, on n'hésite pas à goûter !

DÉCOUVRE COMMENT BIEN CONSERVER UN PLAT PRÉPARÉ ET/OU FAIRE À MANGER POUR PLUSIEURS JOURS.

Congélation, méthode de refroidissement...

La plupart des recettes sont pour 4 personnes : même si tu vis tout seul, cuisine pour 4 personnes, on ne sait jamais quand un pote va passer à la maison ;-) et sinon, tu auras à manger pour la semaine, ou pour les moments de flemme. Parce que manger la même chose 4 fois d'affilée, on est d'accord que c'est pour les psychopathes, même si, OK, j'avoue, ça m'arrive parfois, mais ne le dis à personne stp.

Donc si tu passes 1 heure à cuisiner pour 4 repas, dis-toi que 3 autres fois, tu passeras seulement 2 minutes à réchauffer ta bouffe.

Pour ça, il faut avoir :

- *1 grosse casserole ;*
- *des Tupperware®.*

TECHNIQUE POUR BIEN MIXER AU MIXEUR PLONGEANT

Il faut incorporer de l'air. « Mais, quoi ? Qu'est-ce que tu racontes, Léo ? » Oui, de l'air, tu as bien lu : en gros, remonte ton mixeur à la surface de temps en temps, ajoute comme une poche d'air et mixe juste en dessous de la surface (sans en foutre partout, hein !), répète l'opération plein de fois, tu vas voir, tu peux obtenir une texture hyper-lisse comme ça.

Sens-toi libre de tout modifier, explore !

Si tu veux ajouter des trucs à ma recette, par exemple une épice, un condiment, un légume, franchement, fais-toi plaiz'. La cuisine, c'est fait pour évoluer et s'adapter à chacun, selon ses goûts et ses besoins.

La cuisine, c'est avant tout personnel, chacun la sienne, donc si tu dois réduire certaines quantités de gras (crème ou beurre), ne te gêne surtout pas.

Je ne précise pas les quantités d'huile d'olive, de sel et de poivre pour cette raison. Attention, goûte toujours ton plat avant d'ajouter du sel. Tu ne dois pas avoir peur d'assaisonner à chaque étape de ta recette. Vas-y tout de même avec parcimonie et rectifie toujours l'assaisonnement à la fin.

Si tu n'as pas tous les ingrédients de la recette, ne panique pas, ça va bien se passer ! Bon, si tu veux faire un bœuf bourguignon et qu'il te manque le bœuf... ça risque d'être compliqué... quoique ! En gros, ce que je veux dire, c'est qu'on peut parfois se sentir bloqué quand on découvre au dernier moment – alors qu'on a déjà enfilé le tablier de mémé – qu'on n'a pas tel ou tel ingrédient dans son placard ou son frigo. Eh bien, rassure-toi, la plupart du temps, ils ne sont pas indispensables et on peut aisément s'en passer ou les remplacer par des produits similaires.

Dernières infos et pas des moindres

→ Quand je dis « à hauteur » dans une recette, ça veut dire qu'il faut noyer l'ingrédient concerné jusqu'à sa hauteur.

→ Le temps passé en cuisine n'inclut pas les temps de cuisson longs. À ce moment-là, je considère que tu peux aller glander dans le canap' ou préparer un autre élément de la recette. Le temps passé en cuisine est approximatif et dépend du niveau de chacun.

→ Si tu veux suivre certaines de mes recettes en vidéo, tu n'as qu'à flasher le QR code correspondant !

Mes indispensables : ingrédients, épices et ustensiles,

et comment se les procurer au meilleur prix

LE CHOIX DES INGRÉDIENTS = **50 % DU JOB**

→ Pourquoi est-ce que je mets souvent, en début de cuisson, du beurre ET de l'huile d'olive ? J'aime les deux, mais l'huile empêche aussi le beurre de brûler.

→ Si tu fais ton propre bouillon de volaille ou de légumes, les plats comme le risotto, la basquaise et tant d'autres vont passer au level supérieur. Franchement, si t'es déter', je te conseille de te faire ce kif !

→ Arrête d'utiliser du poivre déjà moulu, achète plutôt un moulin et du poivre en grains. La différence est folle.

LES ÉPICES

Tu peux en acheter pour pas cher et en grande quantité dans les petites épiceries de quartier – mais si, tu sais, celles où le gars vend des clopes à l'unité pour 0,50 € après minuit.

LES USTENSILES UTILES

→ **1 casserole** ;

→ **1 poêle ;**

→ 1 bon **couteau de cuisine** ;

→ **1 mixeur** plongeant sur Leboncoin (ou sinon le premier prix de chez Moulinex® fait vraiment le job – aucune collab avec Moulinex®, je précise, mais je trouve que ça tient bien le coup) ;

→ Et pourquoi pas **1 râpe**, à moins de 4 € dans ton supermarché (sinon, demandes-en une à ta grand-mère ou à ta mère, c'est un truc qu'on a souvent en double dans nos placards).

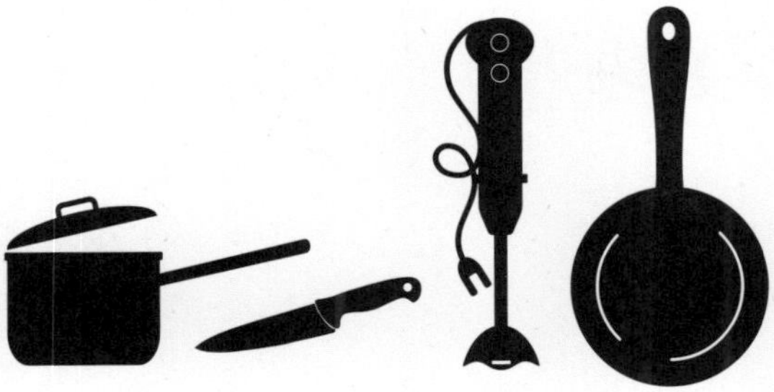

Les erreurs
que tu fais souvent quand t'es novice

▶ Remuer toutes les 10 secondes ! La plupart du temps, c'est mieux de laisser cuire ton aliment en mélangeant moins souvent, il grille et accroche un peu au fond du contenant, c'est meilleur.

▶ Rester devant la marmite alors que ça mijote à feu doux. Mets un minuteur sur ton tél et va faire autre chose.

▶ Répondre au téléphone alors que tu es en train de saisir ta viande à feu fort. Ça risque de cramer.

▶ Verser de l'huile dans une poêle avant de la faire chauffer. Fais plutôt chauffer ta poêle, puis ajoute ton huile au dernier moment pour éviter qu'elle monte trop en température.

▶ Faire cuire un steak ou tout autre ingrédient que l'on voudrait griller dans une poêle froide. Il faut qu'elle soit bien chaude, presque fumante.

▶ Mettre trop d'ingrédients dans la même poêle : au lieu de griller, ça bout.

PETIT LEXIQUE
À L'USAGE DE TOUS

BLANCHIR DES LÉGUMES
cuire brièvement dans de l'eau bouillante

BLANCHIR DES ŒUFS
fouetter des jaunes d'œufs avec du sucre

CISELER
couper très finement en petits cubes des aliments ou hacher finement au couteau des herbes

COUPER EN BRUNOISE
couper en tout petits dés réguliers

COUPER EN JULIENNE
couper en fins bâtonnets

DÉGLACER
récupérer les sucs de cuisson restés au fond d'un récipient en versant un liquide

ÉMINCER
tailler de fines tranches dans la longueur

FAIRE SUER
cuire un légume dans de la matière grasse à feu doux pour lui faire éliminer une partie de son eau, en évitant toute coloration

MOUILLER
ajouter un liquide lors de la cuisson

PARER
ôter les parties non comestibles et inutiles

RÉDUIRE À DEMI-GLACE
ben, c'est réduire un liquide de cuisson, mais pas autant qu'à glace

RÉDUIRE À GLACE
pousser la réduction d'une préparation jusqu'à obtenir une consistance épaisse et sirupeuse

Mes basiques

à toute épreuve

le temps de faire une vinaigrette
Elles se conservent bien 2 semaines au frigo et se bonifient avec le temps.

MES 3 VINAIGRETTES PRÉFÉRÉES

LE MATOS

La came

2 échalotes finement ciselées
100 ml d'huile d'olive
50 ml de vinaigre balsamique
30 ml de vinaigre de cidre
1 cuil. à soupe de miel
1 cuil. à café de moutarde
1 gousse d'ail hachée
Ciboulette ciselée (si tu en as sous la main)
Sel, poivre, piment d'Espelette

100 ml d'huile d'olive
50 ml de vinaigre de riz
30 ml de vinaigre de cidre
30 ml de sauce soja sucrée
30 ml d'huile de sésame
2 cuil. à soupe de sirop d'agave
1 cuil. à café de wasabi
Sel, poivre, piment d'Espelette

Le jus et le zeste de 1 citron bio
100 ml d'huile d'olive
50 ml de vinaigre balsamique
3 cuil. à soupe de crème de balsamique
Ciboulette ciselée (si tu en as sous la main)
Sel, poivre, piment d'Espelette

+ 1 bonne dose de « hmm, et si je rajoutais ça, tiens ! »

À l'échalote *ma préf'*

Verse tous les ingrédients dans un bocal et secoue énergiquement.

Demain elle sera bien meilleure, alors t'aurais dû commencer hier !

À l'asiatique

Verse tous les ingrédients dans un bocal et secoue énergiquement.

Au citron

Verse tous les ingrédients dans un bocal et secoue énergiquement.

Perso, les vinaigrettes, je les fais toujours à l'œil, donc, si tu le sens, ne t'embête pas à tout mesurer, les quantités sont là pour te donner une indication. Le plus important à retenir est ceci :
→ si c'est trop acide, ajoute du gras et/ou du sucré (et inversement) ;
→ si c'est fade, ajoute de l'acidité et/ou du sel et/ou des épices, herbes aromatiques, etc.
Fais-toi plaisir, mes recettes ne sont pas immuables, approprie-les-toi !

MES 5 SAUCES PRÉFÉRÉES

Béchamel (pas dans le croque, stp !)

LE MATOS

15 minutes

La came
pour 600 g

50 g de beurre
50 g de farine
500 ml de lait
Sel, poivre, muscade

Fais fondre le beurre à feu moyen, puis ajoute la farine. Fais cuire cette préparation 1-2 minutes tout en mélangeant (c'est pour enlever le goût de la farine).

Quand c'est fait, ajoute le lait et remue à feu moyen-fort jusqu'à ce que la sauce épaississe. Attention à ce que ça n'accroche pas dans le fond, si tu mets le feu fort, remue vraiment souvent (perso, je préfère mettre fort, ça va plus vite).

La came
pour 1,5 l

100 g de beurre
100 g de farine
500 ml de lait
500 ml de bouillon de légumes
150 g de chèvre (le saint-marcelin est cool, ou un autre fromage qui ira bien avec ta recette)
Sel, poivre, muscade

Ma variante préf'

Même processus que pour une béchamel classique, juste j'emmène le beurre jusqu'à ce qu'il soit noisette, et j'incorpore le chèvre (coupé en dés) au même moment que le lait et le bouillon de légumes.

Parfois j'ajoute des épinards, des lardons, des oignons, de l'ail, vraiment fais-toi kiffer.

La béchamel, c'est souvent ce qui va lier les différents ingrédients d'un plat comme pour les lasagnes, alors il faut qu'elle ait du punch !

Bon, tu trouveras des recettes de béchamel un peu partout sur Internet, mais voici une base solide et inratable (sauf si t'es un jambon). Perso, je préfère la décliner pour l'adapter au mieux au plat que je suis en train de faire.

Sauce tomate

LE MATOS 

20 minutes

La came
pour 800 g

- 2 oignons
- 3 gousses d'ail
- 600 g de tomates concassées
- 1-2 cuil. à soupe de sucre
- Huile d'olive, sel, poivre, romarin, laurier (de ton jardin ou de celui du voisin)

Épluche les oignons et l'ail. Émince finement les oignons et hache les gousses d'ail.

Fais-les revenir à feu moyen-doux dans un filet d'huile avec du sel (sans les faire colorer) ; 3 minutes plus tard, ajoute les tomates, le sucre, le romarin, le laurier et du poivre. Laisse cuire 20 minutes à feu doux.

Parfait pour accompagner des pâtes, du riz, de la viande, pour mettre dans des lasagnes, une bolo...

Sauce poulette à ma façon

LE MATOS 

20 minutes

La came
pour 4 pélos

- 500 ml de fond de volaille (maison c'est BEAUCOUP mieux, tu as la recette p. 131)
- 200 ml de crème fraîche liquide
- 50-100 g de parmesan râpé
- 2 jaunes d'œufs
- Sel, poivre

Verse le fond de volaille et la crème dans une casserole et porte le mélange à frémissement. Attention avec la crème, ça peut déborder !

Fais réduire de moitié environ.

Hors du feu, rectifie l'assaisonnement si besoin.

Ajoute le parmesan, mélange, puis incorpore les jaunes d'œufs en remuant énergiquement tout de suite.

Elle accompagne très bien une volaille ou un légume vert !

Sauce facile pour le poisson

LE MATOS 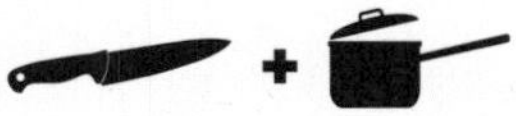

20 minutes

La came

pour 4 poiscailles

3 échalotes
75 g de beurre
100 ml de muscadet
75 ml de crème fraîche liquide
Le jus et le zeste de 1 citron bio
Sel, poivre, laurier

Épluche et cisèle finement les échalotes. Mets-les dans une casserole à feu doux avec le beurre et du sel. Fais-les suer sans coloration, puis ajoute le muscadet et fais-le réduire à demi-glace (jusqu'à ce qu'il n'en reste plus beaucoup).

Ajoute la crème et le laurier à feu moyen, puis laisse réduire un peu (5 minutes).

Hors du feu, ajoute le jus et le zeste de citron, puis rectifie l'assaisonnement.

Sauce vierge déclinable

LE MATOS 

15 minutes si tu sais tenir ton couteau

La came

pour 4 poiscailles

1 belle tomate
1 petit oignon nouveau (ou ¼ d'oignon)
Le jus et le zeste de 1 citron bio (vert ou jaune)
Huile d'olive, sel, poivre

L'idée d'une sauce vierge, c'est de couper les ingrédients en petits dés et de les noyer dans une bonne huile d'olive avec du jus et du zeste de citron. En voici une base : il faut absolument que tu la pimpes avec ce que tu as sous la main, et selon tes envies, tes goûts.

N'oublie pas : tout doit être coupé en petits cubes, plus c'est petit, plus c'est agréable en bouche.

Par exemple, tu pourrais ajouter des olives et de la courgette. Ou encore de la mangue et du fruit de la Passion. Du combava et du basilic. Herbes, légumes crus, épices, fruits… fais-toi plaiz'et TESTE !

Les pickles

Pour faire level up certains de tes plats !

LE MATOS 🔪 + 🍳

15 minutes si t'es un pro de l'Économe®

si tu mets plus longtemps, pose-toi des questions... je déconne, bien sûr, chacun son rythme !

La came

pour 1 pot

2 oignons rouges

60 g de sucre roux

100 ml de vinaigre de cidre (ou de vinaigre blanc)

1 bonne pincée de sel

Enlève la peau de tes oignons et coupe-les en morceaux. Tu peux faire des pétales, des lamelles, ce qui te chante.

Mets les autres ingrédients dans une casserole avec 160 ml d'eau et porte le tout à ébullition. Mélange bien et verse la préparation sur les oignons, puis ferme le bocal. C'est prêt quand le bocal est froid.

Ça se conserve 2-3 semaines au frigo.

C'est clairement pour ce genre de recette qu'il faut laisser parler sa créativité et ses envies du moment, alors n'hésite pas à ajouter des herbes aromatiques, des épices etc., à ta marinade.

Tu peux remplacer l'oignon par tous les légumes et les fruits qui te passent par la tête, ça fonctionne avec tous ! Juste un petit conseil, pour tout ce qui va être légume dur, comme le brocoli, le chou-fleur, etc., fais bouillir 1 minute le légume dans la marinade avant de le mettre en pot. La texture sera plus sympa.

Ail confit

LE MATOS +

Moins de 10 minutes cousin

sinon va demander
de la farine à ton voisin
sans aucune raison !

La came

pour 1 pot

3 têtes d'ail

Huile neutre (pépins de raisin, colza, tournesol, une huile sans goût, quoi)

Laurier et thym si t'es un boss (checke le jardin du voisin si t'en as pas)

Sépare les gousses et enlève le maximum de peau (tu n'es pas obligé de les éplucher non plus). Mets-les dans une casserole avec de l'huile à hauteur (ça recouvre les gousses entièrement, quoi). Laisse frémir 20 minutes à feu doux, puis coupe le feu, mets un couvercle et attends que ça refroidisse complètement.

Conserve-moi ça dans un pot au frigo, 3 semaines max si l'huile recouvre bien toutes les gousses.

Direct étalé sur du pain c'est top, sinon, dans une purée de patates ou de légumes. L'huile, pour cuire une viande ou un poisson ou même dans le houmous (va voir en p. 28), c'est top aussi. Dans un houmous ou un caviar d'aubergine... Tu l'as compris, tu vas pouvoir en mettre partout parce que c'est trop bon.

MES 3 ACCOMPAGNEMENTS SIMPLES PRÉFÉRÉS

Purée de pommes de terre

Mon best-seller, quand j'étais traiteur

LE MATOS (couteau) + (casserole)

15 minutes si t'es un pro de l'Économe®

plutôt 25 si t'as pas assez épluché de pommes de terre dans ta vie

La came

pour 4 gros mangeurs

750 g de pommes de terre

100-150 g de beurre

100-200 ml de crème fraîche liquide à 30 % de MG (on prend une crème riche pour « nourrir » la pomme de terre)

Sel, poivre, romarin, laurier (optionnel)

Épluche les pommes de terre et coupe-les en gros morceaux.

Fais-les cuire 15-20 minutes dans de l'eau bouillante salée (10 g/l) (avec du romarin et du laurier si t'es chaud). Quand la lame du couteau s'enfonce parfaitement, c'est prêt... bon ap' ! Nan, je déconne, allez, encore un peu de patience... égoutte-les et remets-les dans la casserole encore chaude (feu éteint). Ajoute le beurre coupé en dés et la crème, puis mélange au fouet, d'abord doucement le temps que le beurre fonde, puis de plus en plus énergiquement quand tout commence à s'amalgamer. Goûte et rectifie l'assaisonnement si besoin. La purée, c'est un art, mais une fois que tu le maîtrises, tu peux mettre de l'amour dans l'estomac de tes humains préférés.

Le choix des pommes de terre va grandement impacter la texture de ta purée : il faut qu'elles soient entre fermes et farineuses, c'est pas évident à trouver mais, une fois que tu l'as, ne change plus de fournisseur (si elles sont trop fermes, la purée sera liquide avec des morceaux, et si elles sont trop farineuses, la purée aura une texture désagréable).

Je trouve que le beurre apporte de l'onctuosité, donc si la texture ne me convient pas, j'en rajoute un peu.

Riz

Mais pourquoi diable je t'explique comment faire cuire du riz ? On sait jamais, mon grand, tu pourrais apprendre un truc ou deux !

LE MATOS

le temps de faire du riz, quoi

La came

pour 4 pélos

400 g de riz basmati

Huile d'olive, sel, poivre, romarin, laurier

Rince le riz 1 fois ou 2, parce qu'on n'a pas le temps de le faire 6 fois non plus. Ensuite, fais bouillir une grande casserole de flotte (au moins 3-4 fois le volume du riz) et sale l'eau stp, on veut que ça goûte la mer, plus romarin et laurier si t'es un champion. Quand ça bout (c'est quand il y a plein de bulles, de rien), ajoute le riz et laisse-le cuire le temps inscrit sur le paquet, pas plus ! Teste quand même pour voir si c'est à ton goût niveau texture, puis égoutte le riz. Remets-le dans la casserole chaude avec un filet d'huile et du poivre, rectifie l'assaisonnement si besoin, normalement y a pas besoin si l'eau goûtait bien la mer au départ.

Ça n'a l'air de rien comme ça, mais on est passé d'un riz sans goût à un vrai accompagnement, très simple à réaliser.

Bon, déjà, le choix du riz, comme pour les patates de la purée, c'est 80 % du job. Alors on arrête avec le riz rond, laisse-le aux gens qui n'ont pas de goût, t'en as déjà bien trop mangé à la cantine étant petit. Prends du riz basmati.

Pâtes

LE MATOS

le temps de faire des pâtes

La came

pour 4 pélos

400 g de pâtes

Huile d'olive, sel, poivre, romarin, laurier

Pas besoin de rincer les pâtes, mais sinon tu peux utiliser exactement la même méthode que pour le riz.

Les légumes

à toutes les sauces

Fleur d'artichaut, crème et anchois

LE MATOS +

10 minutes
20 si tu as deux mains gauches

La came
pour 4 pélos

4 artichauts
1 citron
1 petit pot de crème fraîche épaisse
Anchois
Huile d'olive, sel, poivre

Commence par plonger tes artichauts dans de l'eau bouillante bien salée, presse-leur sur la tronche le citron que tu pourras également balancer dans la casserole.

Au bout de 45 minutes, tu peux les égoutter, bien les sécher et leur couper le pied. Pied que tu peux d'ailleurs manger si ton artichaut est bien frais, il devrait être tendre après cuisson.

Une fois tes artichauts bien refroidis, je te conseille de les ouvrir comme une fleur sans détacher les feuilles pour un effet waouh. Tu peux voir comment faire en flashant le QR code en bas de la page, c'est une vidéo qui reprend toute la recette d'ailleurs !

Tu n'as plus qu'à balancer dessus un bon filet d'huile, du sel, du poivre, 1 bonne cuillerée de crème fraîche et quelques anchois que tu auras préalablement rincés.

Allez, fais-toi ce kif !

Variante plus classique

La came
pour 4 pélos

4 artichauts
Vinaigrette à l'échalote
(tu as la recette p. 14)

Parce que ma grand-mère préfère la vinaigrette.

C'est exactement le même procédé mais au moment d'assaisonner, tu balances ta vinaigrette à l'échalote.

Houmous de chou-fleur

LE MATOS  +  + 

45 minutes
si t'es un champion
plutôt 1 h si t'es un pochtron

La came

pour 4 pélos

½ chou-fleur

300 g de pois chiches en conserve (avec leur eau)

1 gousse d'ail fraîche

3 gousses d'ail confites (tu as la recette p. 21)

Huile d'olive (ou huile d'ail si tu en as, voir la recette p. 21), sel, poivre

Coupe ton ½ chou-fleur en deux et fais-le griller sur toutes les faces dans de l'huile à feu vif. Quand c'est fait, ajoute de l'eau à hauteur, assaisonne et fais cuire à couvert à feu moyen jusqu'à ce qu'il soit tout mou (15-20 minutes).

Égoutte l'excédent d'eau pour qu'il n'en reste qu'un fond, ajoute les pois chiches égouttés, la gousse d'ail fraîche épluchée, les gousses confites si tu en as et mixe un grand coup. Ajuste la texture avec l'eau des pois chiches et assaisonne si besoin.

Pour les finitions, fais-toi plaiz': c'est à ce moment que tu peux largement augmenter l'expérience gustative. Un filet d'huile d'olive, du citron (jus et zeste), du piment d'Espelette... Laisse ta créativité prendre le dessus !

Tomate, pêche, stracciatella et basilic

LE MATOS

15 minutes

La came

pour 4 personnes qui aiment la vie

2 grosses tomates cœur-de-bœuf (et pas cœur de singe)

2 pêches

2 belles burratas

Quelques feuilles de basilic

Huile d'olive, fleur de sel, poivre, piment d'Espelette

Coupe de belles rondelles de tomates, dispose-les sur un plat et assaisonne-les avec de la fleur de sel. J'aime bien assaisonner les tomates en amont, je trouve la texture encore meilleure. Coupe les pêches en fines lamelles, pas trop fines non plus.

Écrase la burrata à la fourchette dans une assiette creuse, ajoute de l'huile, du sel, du poivre et du piment d'Espelette, puis dispose harmonieusement la stracciatella et les pêches sur les tomates. Ajoute un dernier filet d'huile et du basilic par-ci par-là et déguste.

Poireaux et kiwi vinaigrette

LE MATOS 

25 minutes

champion, aujourd'hui, si tu mets plus, va courir 5 km cet aprèm ou demain !

La came

pour 4 pélos

4 poireaux

5 kiwis

1 cuil. à café de sucre

2 cuil. à soupe de vinaigre de cidre

Quelques croûtons de pain à l'ail (si t'es chaud)

Vinaigrette à l'échalote (tu as la recette p. 14)

Huile d'olive, sel, poivre

Commence par retirer la partie verte des poireaux (ne la jette pas, va voir p. 115 pour l'utiliser dans des super-œufs cocotte à la poêle), fends la partie blanche en deux dans la longueur et rince-les bien comme il faut, sinon ça va craquer sous la dent. Recoupe-les en 3 ou 4 tronçons et dispose-les dans une poêle avec de l'huile et du sel pour les faire griller sur toutes les faces. Quand c'est fait, ajoute un fond d'eau, mets un couvercle et laisse cuire ça 5-10 minutes à feu doux-moyen. L'eau a totalement disparu et les poireaux sont moelleux ? C'est gagné ! Sinon répète l'opération avec moins d'eau jusqu'à ce qu'elle s'évapore totalement.

Récupère la chair des kiwis à l'aide d'une cuillère à soupe, puis coupe-la en cubes le plus petit possible.

Réserve un tiers de cette préparation au frigo. Mets les deux tiers restants dans une petite casserole avec le sucre, le vinaigre et 1 pincée de sel, puis laisse cuire 5-10 minutes à feu doux.

Dresse harmonieusement tous les éléments dans une assiette et nappe-les de vinaigrette à l'échalote.

Allez, fais-toi ce kif !

Velouté de cresson et toasts au beurre de sauge

LE MATOS 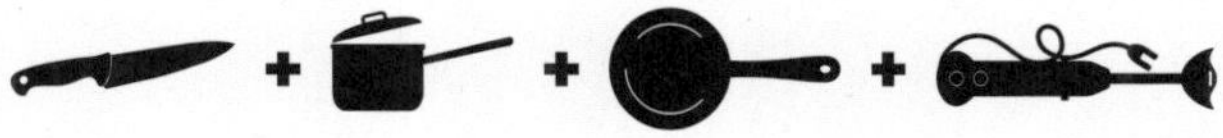

25 minutes si t'es un bon
plutôt 35 si t'es un jambon

La came
pour 4 pélos

3 patates

1 oignon

1 gousse d'ail

2 bottes de cresson

2 bonnes noisettes de beurre

1 cuil. à soupe de moutarde

Pain frais

Huile d'olive, crème fraîche liquide, gros sel, sel fin, poivre, laurier, sauge, piment d'Espelette

Épluche tes patates, coupe-les en dés, mets-les dans une casserole avec de l'eau froide à hauteur, 1 bonne pincée de gros sel et du laurier si tu en as. Allume le feu pleine balle et laisse cuire jusqu'à ce qu'elles soient tendres. Quand tu peux y enfoncer ton couteau sans effort, c'est cuit.

Pendant ce temps, épluche l'oignon et l'ail. Émince l'oignon grossièrement, hache la gousse d'ail et rince le cresson, puis coupe les tiges pour ne garder qu'un maximum de feuilles (s'il reste quelques tiges, c'est pas grave).

Prépare dans une poêle du beurre et quelques feuilles de sauge pour les toasts (fais gaffe à ne pas mettre le feu).

Égoutte les pommes de terre en faisant bien attention à garder leur eau de cuisson.

Dans la même casserole, fais dorer l'oignon et l'ail avec une noisette de beurre et un filet d'huile, du sel et du poivre. Quand c'est bien doré, ajoute le cresson, les pommes de terre et leur eau de cuisson ; tu n'es pas obligé de mettre toute l'eau, gardes-en pour ajuster la consistance de ton velouté. Fais frémir tout ça 5 minutes, puis mixe le tout, ajoute la moutarde ainsi qu'un filet de crème et d'huile. Remixe, puis goûte et ajuste l'assaisonnement si nécessaire.

Fais fondre ton beurre et ta sauge à feu vif, ajoute le pain côté mie et écrase-le pour le faire griller et éponger le beurre.

C'est prêt !

Tagliatelles de courgette au lait de coco

LE MATOS 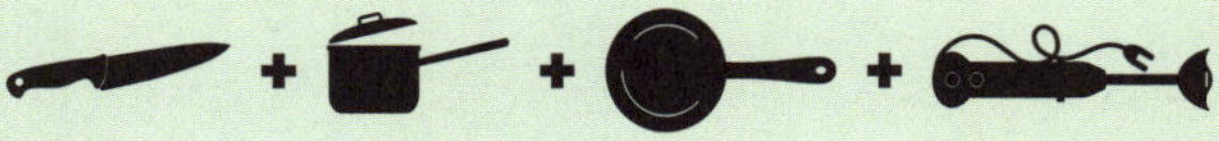

20 minutes max
sinon tu me fais 37 squats !

La came
pour 4 pélos

4 courgettes
2 gousses d'ail
2 cm de gingembre frais
250 ml de lait de coco
1 cuil. à soupe de curry
1 cuil. à café de paprika fumé
1 cuil. à café de piment en poudre (optionnel)
Huile d'olive, sel, poivre

Épluche les courgettes et garde les épluchures. Forme tes tagliatelles avec l'Économe® jusqu'au cœur, là où il y a les graines. Coupe le cœur en dés et fais-les griller dans une casserole avec les épluchures, l'ail et le gingembre pelés et hachés, du sel, du poivre et de l'huile. Quand c'est cuit et un peu grillé, ajoute le lait de coco, gratte bien le fond, laisse réduire 3 minutes à feu doux et mixe pleine balle.

Balance tes tagliatelles de courgette dans une grande poêle bien chaude avec de l'huile, du sel et du poivre. Remue de temps en temps, pas toutes les 10 secondes non plus...

Quand c'est bien grillé (pas cramé, hein), ajoute les épices et mélange une dernière fois pour les torréfier, puis ajoute la sauce mixée et laisse mijoter le tout pendant 3 minutes à feu doux.

Allez, fais-toi ce kif !

Steaks végétaux maison

LE MATOS 

15 minutes
si t'as pas fini passé le délai, champion, fais 32 pompes !

La came
pour 8 steaks

200 g de haricots blancs cuits ou en conserve (égouttés)

75 g de chapelure

1 œuf battu

1 gousse d'ail

1 cuil. à café d'ail en poudre

1 cuil. à café de paprika fumé

1 cuil. à café de piment concassé (optionnel)

150 g de comté râpé

140 g de quinoa cuit (environ 60 g cru)

Huile d'olive, beurre, sel, poivre

Écrase (ou mixe) tous les ingrédients, sauf le quinoa. Ajoute-le à la fin, sale et poivre, puis forme des galettes avec tes mains (lave-les avant bien sûr, ça évite des surprises).

C'est prêt, tu peux les utiliser comme des steaks, dans un burger par exemple, ou avec une purée de brocoli, fais-toi kiffer... Je les fais cuire dans une poêle avec de l'huile et du beurre, je commence à feu moyen-doux 2-3 minutes de chaque côté, pour bien faire pénétrer la chaleur, et je termine fort pour bien les griller.

Conservation : 8 steaks, on n'a pas forcément envie de tout bouffer dans les 3 jours, je te propose de les emballer individuellement dans du film alimentaire et de les mettre directement au congèle, ou dans un sac de congélation, c'est encore mieux. Le jour où t'auras zappé de faire les courses, ça va te sauver la vie, rien que ça !

Astuce : remplace les haricots blancs par n'importe quel légume cuit (brocoli, champignons, chou, etc.), ça fonctionne très bien et ça permet de kiffer avec des restes.

Curry de légumes hivernaux

LE MATOS +

45 minutes

La came

pour 4 bouffeurs d'herbe

½ chou-fleur
1 carotte
1 oignon
½ potimarron
1 poireau
2 gousses d'ail
400 ml de lait de coco
200 g de pois chiches égouttés
Coriandre fraîche pour servir (optionnel)
Huile d'olive, sel, poivre, curry, curcuma, gingembre, piment d'Espelette

La came

pour 4 pélos

1 brocoli
1 oignon
2 courgettes
1 aubergine
2 gousses d'ail
200 g de petits pois
200 g de tomates concassées
400 ml de lait de coco
Huile d'olive, sel, poivre, curry, curcuma, gingembre, piment d'Espelette

Commence par laver tes légumes et les tailler en dés – plus ils sont petits, plus ça sera satisfaisant en bouche. Attention tout de même, pas moins de 1,5 cm pour cette recette, sinon ça peut partir en purée !

Quand c'est fait, on va les faire revenir très fort dans une grande casserole avec de l'huile, faut qu'ils soient un peu grillés.

Ajoute les épices à ta convenance et les gousses d'ail pelées et hachées grossièrement, augmente le feu au max et fais-les torréfier 1 minute en remuant, puis balance ton lait de coco et les pois chiches, gratte bien le fond de ta casserole, baisse à feu doux et laisse mijoter ça 20-30 minutes.

Moi, j'adore servir ce plat avec une purée de pommes de terre, mais tu feras bien ce qui te plaît. Tu peux aussi ajouter un peu de coriandre ciselée pour une touche de fraîcheur.

Version été

Suis exactement le même procédé, ajoute simplement les tomates juste avant le lait de coco.

Tu peux utiliser n'importe quel légume de saison qui te fait kiffer, c'est toujours délicieux.

Frittata aux légumes que tu as sous la main

LE MATOS (couteau + poêle)

10 minutes si t'es chaud
20 minutes si t'es une quiche

La came
pour 4 bonnes parts

400 g des restes de légumes qui traînent dans ton frigo (crus ou cuits)

4 œufs

300 g de crème fraîche épaisse

100 g de fromage (celui qui traîne ou qui te fait plaiz')

Huile d'olive, sel, poivre

Coupe tes légumes en dés, puis fais-les cuire dans une grande poêle à feu moyen avec un filet d'huile. S'ils sont déjà cuits, fais-les griller quand même.

Casse les œufs dans un bol et bats-les avec la crème, le fromage râpé ou coupé en dés, du sel et du poivre.

Quand les légumes sont cuits, baisse le feu au minimum puis ajoute cette préparation, mets un couvercle et laisse cuire 4-5 minutes.

C'est prêt ! Allez, fais-toi ce kif !

Piperade de ma mama

version chakchouka

LE MATOS 

45 minutes

hé, gamin, si tu mets plus de 1 heure, fais 1 000 pompes ou laisse en commentaire sur ma dernière vidéo « J'aime manger des lézards au petit déj' »...

La came

pour 3 chanceux + celui qui va faire la bouffe

2 gros oignons

300 g de piments verts doux (ou de poivrons corne-de-bœuf, ou de poivrons verts)

1 kg de tomates d'un jardin (pas les tomates industrielles dégueu stp)

4 tranches de jambon de Bayonne (ou n'importe quel jambon cru)

5 gousses d'ail

Huile d'olive, sel, poivre, piment d'Espelette

Épluche et émince grossièrement les oignons. Hache les piments et coupe les tomates en quatre après avoir enlevé le pédoncule.

Fais fondre le gras du jambon dans une grande cocotte à feu moyen, ajoute les oignons avec un filet d'huile et du sel pour les faire revenir 5 minutes en remuant de temps en temps. Puis ajoute les piments pour encore 3 minutes, et enfin incorpore les tomates et l'ail pelé entier. Laisse mijoter 30 minutes à feu doux.

Servi avec du jambon de Bayonne et accompagné d'un bon riz basmati, c'est un plat qui va te réchauffer le cœur !

Pâtes printanières à la crème de brocoli

LE MATOS 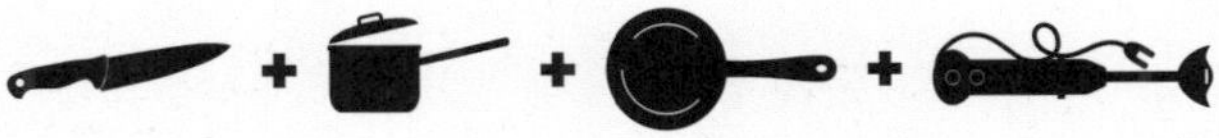

30 minutes
ça devrait passer, gamin...

La came
pour 4 pélos

- 500 g de tes pâtes préférées
- 1 gros brocoli
- 2 gousses d'ail
- 100 ml de crème fraîche liquide
- 150 g de parmesan râpé (1 bonne grosse poignée, quoi)
- 6 jaunes d'œufs (jette pas les blancs, rends-toi p. 168)
- Huile d'olive, sel, poivre, laurier

Fais cuire les pâtes dans de l'eau bouillante salée (avec laurier et poivre si t'es un bon) 2 minutes de moins qu'indiqué sur le paquet. Égoutte-les et surtout, poteau, GARDE TON EAU DE CUISSON. Coupe le brocoli en dés (même le pied), jette-le dans la casserole qui a servi à cuire les pâtes (la vaisselle, c'est chiant, donc si on peut s'éviter de laver un ustensile en plus...) avec un généreux filet d'huile, l'ail épluché, du sel et du poivre. Fais griller tout ça à feu vif, ajoute de l'eau à hauteur et laisse cuire à couvert à feu moyen jusqu'à ce que tout soit mou.

Ajoute la crème et mixe pleine balle, rectifie l'assaisonnement si besoin.

Mets le parmesan et les jaunes d'œufs par-dessus dans un plat de service. Ajoute 1 louche ou 2 d'eau de cuisson des pâtes bien chaudes, puis la crème de brocoli aussi chaude. Mélange bien et sers sans plus attendre avec les pâtes.

Version carnée

Fais griller des tranches de poitrine fumée et ajoute-les à la préparation de jaune d'œuf.

Curry d'épinards à la tomate

LE MATOS 

30 minutes
si tu mets plus de 1 heure, laisse un commentaire complètement absurde sur ma dernière vidéo

La came
pour 4 pélos

1 oignon

2 gousses d'ail

1 ou 2 cm de gingembre frais

1 cuil. à café de curry

1 petite cuil. à café de curcuma

1 kg d'épinards frais (ou 500 g d'épinards surgelés)

250 g de tomates concassées

8 Vache qui rit®

Huile d'olive, sel, poivre, piment d'Espelette

Commence par éplucher l'oignon, l'ail et le gingembre. Cisèle l'oignon et hache l'ail et le gingembre.

Fais revenir le tout dans de l'huile avec les épices pour les torréfier 5 minutes à feu moyen.

Ajoute les tomates, puis les épinards pour les « faire tomber » avec du sel, du poivre et du piment d'Espelette. Laisse cuire 5 à 10 minutes à feu doux, puis mixe par-ci par-là. Attention, on ne veut pas tout mixer pour garder de la mâche.

Coupe le feu puis ajoute la Vache qui rit®. C'est prêt, il n'en restera pas une miette !

Blanquette de champignons

LE MATOS +

30 minutes
plutôt 45 pour les moldus

La came
pour 4 pélos

1 oignon
2 gousses d'ail
1 carotte
1 poireau
500 g de champignons de Paris
1 cuil. à soupe de farine
100 ml de vin blanc
3-4 louches de bouillon de légumes
Crème fraîche liquide
Le jus de 1 citron
Persil pour servir (optionnel)
Huile d'olive, beurre, fleur de sel, poivre

Épluche l'oignon, l'ail et la carotte. Cisèle tous les légumes assez petit. Coupe les champignons en quatre.

Fais sauter les champignons dans une grande poêle avec de l'huile, du beurre et de la fleur de sel jusqu'à ce qu'ils soient légèrement grillés. Réserve-les.

Dans la même poêle, applique le même traitement au reste des légumes sans les faire colorer, donc à feu moyen-doux durant 5 minutes. Augmente le feu, ajoute les champignons et la farine, mélange puis déglace au vin blanc, fais réduire à glace (jusqu'à ce qu'il ne reste quasiment plus de vin blanc) et mouille avec le bouillon, puis laisse tout ça mijoter à feu moyen-doux jusqu'à obtenir une bonne consistance. Moi, j'aime bien que la sauce soit nappante.

Vas-y, c'est bon là, coupe le feu, ajoute un filet de crème fraîche, une pointe de beurre et un filet de jus de citron, mélange et ajuste l'assaisonnement si nécessaire.

Avec une bonne purée de pommes de terre (tu as la recette p. 22) et un peu de persil ciselé, c'est vraiment le kif !

Lasagnes aux légumes du soleil

LE MATOS 

45 minutes

La came
pour 4 pélos

1 courgette

1 aubergine

1 poivron

10 feuilles de lasagnes

350 g de béchamel (tu as la recette p. 16)

300 g de sauce tomate (tu veux aussi la recette ? va p. 17)

Gruyère ou parmesan râpé (ou les deux, ah ah !)

Huile d'olive, sel, poivre, herbes de Provence

Coupe tous les légumes en dés et fais-les sauter chacun leur tour dans une grande poêle avec de l'huile, du sel, du poivre et des herbes de Provence.

Si tu veux aller plus vite et tout cuire en même temps, commence par l'aubergine et le poivron, et n'ajoute la courgette qu'à la fin pour les 2-3 dernières minutes. Réserve tes légumes.

Fais cuire tes feuilles de lasagne dans une casserole d'eau bouillante salée jusqu'à qu'elles soient molles mais pas trop.

Puis, dans la poêle, on va monter les lasagnes : commence par mettre les feuilles de lasagne, puis les légumes, la béchamel, la sauce tomate et le fromage. Fais autant de couches que tu as d'ingrédients et termine avec 1 couche de fromage. Mets un couvercle et ça part en cuisson 5-10 minutes à feu doux.

Allez, fais-toi ce kif !

Galettes de poireau, feta et sauce maison

LE MATOS

35 minutes maxxxx

si tu mets plus de temps, laisse en commentaire sur ma dernière vidéo « je suis une girafe rouge et j'aime manger du foin », ça me fera trop marrer…

La came

pour 4 belles gosses

2 poireaux

2 pommes de terre

Ail fumé

2 œufs

150 g de feta émiettée

2 cuil. à soupe de farine

Huile d'olive, sel, poivre

Pour la sauce verte :

1 avocat

1 cuil. à café de curry vert thaï (ou curry normal, mais le vert est cooool)

Le jus de ½ citron

Coriandre (ou persil si t'es dans la team « Gneugneu la coriandre, ça a un goût de savon »)

2 cuil. à soupe de faisselle

3 cuil. à soupe d'huile d'olive

Sel, poivre

Commence par bien laver les poireaux et les émincer finement. Fais-les revenir dans une poêle avec de l'huile et du sel.

Épluche et râpe assez finement les pommes de terre, puis ajoute tous les autres ingrédients ainsi que les poireaux refroidis. Forme des galettes dans une poêle bien chaude huilée. Laisse cuire 2-3 minutes de chaque côté à feu moyen.

S'il en reste, tu peux les emballer dans du film alimentaire et les mettre au congèle pour plus tard (si t'es tout seul, par exemple, un repas de prêt pour un autre jour, t'auras plus qu'à les cuire après les avoir décongelées au frigo… ou pas).

Pour la sauce, mixe tous les ingrédients et c'est prêt !

Bourguignon de champignons

LE MATOS (couteau + poêle)

30 minutes
plutôt 45 pour les moldus

La came
pour 4 pélos

1 oignon
2 gousses d'ail
1 carotte
1 poireau
500 g de champignons de Paris
1 cuil. à soupe de farine
1 fond de verre de porto rouge (de quoi flamber un petit coup)
1 louche de vin rouge
2 cuil. à soupe de concentré de tomate
3-4 louches de bouillon de légumes
Persil frais pour servir (optionnel)
Beurre, huile d'olive, fleur de sel

Épluche l'oignon, l'ail et la carotte. Coupe tous les légumes en dés. Coupe les champignons en quatre.

Fais sauter les champignons à feu vif dans une grande poêle avec de l'huile, du beurre et de la fleur de sel jusqu' à ce qu'ils soient bien grillés. Réserve-les.

Dans la même poêle, applique le même traitement au reste des légumes. Augmente le feu, ajoute les champignons et la farine, mélange puis flambe au porto et fais réduire à glace (jusqu'à ce qu'il ne reste quasiment plus de porto).

Ajoute le vin et fais une nouvelle fois réduire à glace. Termine en mouillant avec le bouillon, puis laisse mijoter tout ça à feu moyen-doux jusqu'à obtenir la bonne consistance. Moi, j'aime bien que la sauce soit onctueuse.

Rectifie l'assaisonnement si besoin.

Avec une bonne purée de pommes de terre (tu as la recette p. 22) et un peu de persil ciselé, c'est le top.

Allez, fais-toi ce kif !

Dahl de lentilles corail

LE MATOS

30 minutes

La came

pour 4 personnes

400 g de champignons de Paris

1 oignon jaune

1 patate douce

4 pommes de terre

1 verre de lentilles corail

300 ml de crème de coco

Huile d'olive, beurre, sel, poivre, curry, cardamome, cumin, paprika

Pour l'huile pimentée :

5 piments verts ou rouges

1 gousse d'ail

Fleur de sel

150 ml d'huile neutre

Commence par éplucher et couper tous les légumes grossièrement. Fais griller très fort les champignons avec l'oignon. Ajoute le reste des ingrédients sauf la crème de coco et fais griller encore 1 ou 2 minutes pour torréfier les épices (ça leur donnera plus de puissance aromatique).

Mouille à hauteur avec de l'eau, mets un couvercle et laisse mijoter 25 à 30 minutes à feu moyen.

Incorpore la crème de coco et laisse mijoter encore 5 minutes sans le couvercle.

Prépare l'huile pimentée : place les piments coupés en dés, la fleur de sel et la gousse d'ail pelée et écrasée dans un récipient en verre résistant à la chaleur et verse l'huile bouillante dessus (vas-y en plusieurs fois, sinon ça peut déborder).

Au moment de déguster le dahl, tu peux ajouter dessus de l'huile pimentée, du citron vert (zeste et jus), de la crème de coco, de la coriandre fraîche, du kimchi grillé au sirop d'érable... Ce n'est qu'une suggestion, n'hésite pas à faire à ton goût et avec ce que tu as sous la main !

Gnocchis de patate douce

LE MATOS 

30 minutes
plutôt 45 si t'es pas frais

La came
pour 4 personnes

500 g de patates douces
300-400 g de farine
30 g de parmesan râpé
100 ml de crème fraîche liquide
Beurre, parmesan, basilic

Fais cuire tes patates douces dans de l'eau bouillante. Quand tu peux enfoncer ton couteau sans effort jusqu'au centre, c'est cuit.

Extrais la chair et remets-la dans la casserole sans l'eau de cuisson pour la faire dessécher quelques instants sur feu moyen, sans arrêter de remuer. L'idée, c'est qu'elle soit la plus sèche possible, histoire de ne pas ajouter trop de farine.

Une fois qu'elle a refroidi, dépose ta purée de patate douce sur ton plan de travail propre et ajoute la farine et le parmesan. Si la pâte colle trop, ajoute de la farine progressivement jusqu'à ce qu'elle ne colle plus.

Forme des boudins de pâte, puis découpe là-dedans de beaux gnocchis de taille égale.

Fais-les cuire dans de l'eau bouillante jusqu'à ce qu'ils remontent à la surface, puis égoutte-les et fais-les griller dans une poêle avec du beurre. Termine tout ça avec la crème.

Au moment de servir, tu peux ajouter du basilic frais et râper encore un peu de parmesan.

Ne lésine pas sur la farine si tu galères à former une boule avec ta pâte de patate douce.

Ne te prends pas la tête pour la forme des gnocchis : s'ils sont moches, ce sera bon quand même !

Chou confit

LE MATOS +

45 minutes si t'es un pro

La came
pour 4 pélos

1 chou blanc

1 échalote

250 ml de bouillon de volaille

Huile d'olive, beurre, sel, poivre

Émince finement le chou et l'échalote, puis blanchis le chou 3-4 minutes dans de l'eau bouillante salée. Égoutte-le bien.

Fais fondre du beurre avec de l'huile dans la même casserole (pour ma part, je suis généreux en matière grasse dans cette recette) et ajoute le chou et l'échalote. Laisse cuire 5 minutes à feu moyen-fort en mélangeant de temps en temps (si ça grille un peu, c'est parfait).

Ajoute le bouillon et fais-le réduire à glace (jusqu'à ce qu'il n'en reste quasiment plus) à feu doux. C'est prêt !

Je te conseille vivement de l'accompagner d'une belle purée (recette p. 22), de sauce poulette (recette p. 17) et de dinde grillée (recette p. 72, en remplaçant le poulet par des filets de dinde).

Les épinards de Tchantcha

Ma nounou qui nous faisait manger, à mon frère et à moi, des épinards comme si c'étaient des frites...

LE MATOS 

30 minutes
au-delà, va dire un bonjour à ton voisin, fais-lui un grand sourire et rentre chez toi aussitôt !

La came
pour 4 petits garnements

200 g de pommes de terre

1 oignon

30 g de beurre

1 kg d'épinards frais (ou 500 g surgelés)

100 g de crème fraîche épaisse

2 gousses d'ail (oui, j'en mets partout, et alors ?)

Huile d'olive, laurier, sel, poivre

Épluche tes patates, coupe-les en dés, mets-les dans une casserole avec de l'eau froide à hauteur, 1 bonne pincée de gros sel et du laurier si tu en as. Allume le feu pleine balle et laisse cuire jusqu'à ce qu'elles soient tendres. Quand tu peux y enfoncer ton couteau sans effort, c'est cuit.

Pendant ce temps, tu peux éplucher et ciseler l'oignon, puis fais fondre le beurre dans ta casserole avec un filet d'huile. Quand le beurre chante, qu'il est mousseux, balance l'oignon et les épinards dedans à feu vif et fais-les « tomber » en remuant de temps en temps ; 2-3 minutes plus tard, ajoute la crème, du sel et du poivre, et baisse à feu doux pour encore 5 minutes de cuisson.

Pendant ce temps, coupe tes pommes de terre en cubes. Fais-les sauter dans une poêle avec un peu d'huile, du sel et les gousses d'ail pelées et hachées grossièrement.

Quand c'est bien grillé, coupe le feu et mixe la première préparation au mixeur plongeant – attention, on veut garder de la mâche, donc mixe par-ci par-là, sans plus. Puis mélange les deux préparations en écrasant les pommes de terre dans les épinards.

Tchantcha, elle mixait tout ensemble, mais on était vraiment petits, maintenant je préfère les manger ainsi.

Pour les herbivores

qui aiment la viande

Crème de brocoli et poulet grillé

LE MATOS 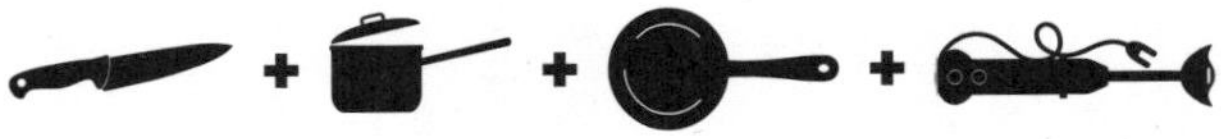

40 minutes

si tu mets plus de 1 heure, partage la recette en story avec le bouquin sur la table. Je te reposte si je la vois passer...

La came

pour toi tout seul, 4 repas d'affilée...

1 brocoli

1 oignon

2 gousses d'ail

100 ml de crème fraîche liquide

4 filets de poulet

1 échalote

Huile d'olive, beurre, sel, poivre, laurier

Coupe le brocoli en morceaux. Pour le pied, tu as deux options : soit tu le gardes pour en faire des pickles (coupe-le en fines lamelles et regarde la recette p. 20), soit tu le coupes plus petit que les têtes (parce que ça cuit plus longtemps).

Épluche et émince grossièrement l'oignon et l'ail.

Balance tout ce petit monde dans une casserole bien chaude, ajoute de l'huile, du sel et fais griller à feu vif 2 minutes. Quand c'est fait, mouille à hauteur et mets du poivre (et du laurier si tu en as), puis laisse cuire 15 minutes à couvert à feu moyen. Retire le couvercle et continue la cuisson jusqu'à l'évaporation quasi complète de l'eau.

Coupe le feu, ajoute la crème et mixe pleine balle : on veut que ça soit bien bien lisse. N'oublie pas la technique de l'air au mixeur plongeant (tu peux la trouver p. 9).

Pendant que le brocoli mijote, ne te tourne pas les pouces, on va faire cuire le poulet.

Après avoir retiré les bouts de gras et nerfs qui dépassent, dispose-le dans une poêle déjà bien chaude avec de l'huile et du sel sur les deux faces. Fais-le griller fort des deux côtés pour former une belle croûte (environ 2 minutes par face). Baisse le feu sur moyen-doux, puis ajoute du beurre et l'échalote pelée et émincée pour terminer la cuisson tranquille (2-4 minutes selon l'épaisseur de ta viande).

Retourne-la de temps en temps, poivre et coupe ta viande en deux pour vérifier la cuisson.

Tu peux servir ce plat avec des patates sautées (tu as la recette p.64). Tu peux remplacer le poulet par du poisson (je te file la technique de la cuisson à l'unilatérale en p. 91).

Pâtes bolognaise à ma façon

Recette rapide, et on en mange plusieurs jours avec plaisir !

LE MATOS + +

45 minutes si t'es un pro

La came
pour 4 morfales

2 oignons
2 gousses d'ail
1 carotte
1 branche de céleri
300 g de bœuf haché (15 % de matière grasse)
300 g de chair à saucisse
600 g de tomates concassées
150 ml de porto rouge
500 g de pâtes
1 croûte de parmesan
Huile d'olive, beurre, sel, poivre, piment d'Espelette, laurier, romarin ou thym (ou les trois)

Commence par éplucher l'oignon, l'ail et la carotte. Cisèle finement les oignons, la carotte et le céleri. Hache l'ail.

Faire revenir le bœuf et la chair à saucisse bien fort dans une grande casserole, avec de l'huile et du beurre.

Quand c'est grillé par-ci par-là, mais pas totalement cuit, réserve la viande puis fais revenir les légumes et l'ail haché 5 minutes à feu moyen dans la même casserole.

Remets la viande dans la casserole, augmente le feu, mélange et déglace avec le porto rouge. Fais-le réduire à glace (jusqu'à ce qu'il ne reste quasiment plus de porto).

À ce moment, tu peux ajouter les tomates, le laurier, le romarin ou le thym, du sel, du poivre, du piment d'Espelette et la croûte de parmesan entière, si t'en as une.

Laisse mijoter 30 minutes à feu moyen-doux.

Bon, je vais pas t'apprendre à faire cuire des pâtes, mais si besoin tu trouveras quelques conseils en p. 23.

Déguste dès que les pâtes sont prêtes ! Tu peux ajouter un peu de persil frais et du parmesan râpé pour plus de kif.

Poulet rôti sans four

LE MATOS +

20 minutes
si tu mets plus, envoie « je t'aime » à ta mère par SMS

La came
pour 4 pélos

1 poulet (1,5 kg)

1 patate douce

1 oignon

1 échalote

2 gousses d'ail

1 cuil. à soupe de harissa

½ cube de bouillon de légumes ou de volaille

Huile neutre, beurre, sel, poivre, laurier, romarin, thym

Épluche les légumes et coupe-les en gros morceaux.

Fais cuire le poulet sur toutes les faces dans une grande casserole avec de l'huile et du beurre, puis ajoute les autres ingrédients. Répartis-les bien, verse 1 verre d'eau dessus, mets un couvercle et c'est parti pour 1 bonne heure à feu moyen-doux.

Vérifie à mi-cuisson s'il reste de l'eau, sinon rajoutes-en un peu.

Tartiflette sans four

LE MATOS 

30 minutes si t'es un bon
plutôt 1 heure si t'es un lardon

La came
pour 4 personnes

800 g de patates

300 g de champignons de Paris

1 oignon

150 g de poitrine fumée

2 gousses d'ail

½ verre de vin blanc (ou de porto, ou de muscadet)

3 cuil. à soupe de crème fraîche épaisse

1 cuil. à café de miso

300 g de reblochon

Huile d'olive, beurre, gros sel, sel fin, poivre

Si tu aimes les challenges, tu peux prendre le risque de retourner ta tartiflette dans un plat comme un gâteau, mais c'est pas obligé !

Épluche tes patates et coupe-les en rondelles pas trop fines. Balance-les dans une casserole avec de l'eau froide, du gros sel et ça part en cuisson jusqu'à ce qu'elles soient fondantes (plante-les avec un couteau, si ça rentre c'est qu'elles sont prêtes).

Coupe tes champignons et ton oignon en lamelles assez fines, direction une poêle bien chaude pour faire griller tout ça avec la poitrine fumée coupée en lardons. Une fois qu'ils ont chopé une légère coloration, ajoute 1 noix de beurre et 1 gousse d'ail pelée et hachée ainsi que du sel et du poivre, et fais-moi danser tout ce petit monde dans ta poêle bien chaude !

Ajoute le vin blanc et laisse réduire de moitié à feu moyen.

Pour la crème au miso, c'est très simple ! Mélange la crème fraîche, le miso, 1 gousse d'ail pelée et hachée, un filet d'huile d'olive, du sel et du poivre. En moins de 2 minutes, t'es au paradis !

C'est bientôt terminé : dans une poêle qui peut accueillir tout ça, place ton reblochon que tu auras coupé en deux dans l'épaisseur (côté peau vers la poêle), suivi des patates.

Mets la poêle sur le feu vif durant 3-4 minutes, le temps que la peau du reblochon grille bien comme il faut.

Ensuite, ajoute le mélange champis-oignons, mets un couvercle et laisse cuire tout ça à feu moyen-doux durant 10 minutes. C'est prêt !

Sers ça avec une bonne salade verte assaisonnée de vinaigrette à l'échalote (tu as la recette p. 14). Allez, fais-toi ce kif !

Version végé

Tu n'as qu'à enlever la poitrine de la recette ou rajouter des lardons vegan que t'auras fait griller avant.

Poulet basquaise à ma façon

version courte sympa et version « je me la raconte » mais le résultat en vaut le détour

LE MATOS 

40 minutes pour la courte
et 1 h 30 pour la longue !

La came
pour 4 flemmards

2 oignons

3 poivrons rouges

3 gousses d'ail

4 filets de poulet

500 ml de bouillon de volaille

Herbes de Provence

Huile d'olive, sel, poivre, piment d'Espelette

Épluche les oignons et émince-les grossièrement, ainsi que les poivrons. Épluche et hache les gousses d'ail.

Fais griller les filets de poulet dans une poêle bien chaude après les avoir salés, départ côté peau, avec de l'huile. Quand ils sont bien grillés des deux côtés, réserve-les.

Dans la même poêle, fais revenir tous les légumes à feu moyen 10 minutes.

Sel, poivre, piment d'Espelette – tu connais la musique – puis ajoute le bouillon de volaille. Laisse réduire pour concentrer les saveurs (de moitié au moins). Sur la fin, remets tes filets de poulet dans la poêle avec les herbes de Provence, pour terminer la cuisson à feu doux. Essaye de ne pas trop pousser la cuisson, le blanc c'est meilleur quand c'est pas trop cuit (mais faut pas que ça reste cru à cœur, sinon c'est intox garantie !).

La came
pour 4 boss

2 oignons

3 poivrons rouges

3 gousses d'ail

2 cuisses et 2 filets de poulet

500 ml de bouillon (tu as la recette p. 131)

Herbes de Provence

Huile d'olive, sel, poivre, piment d'Espelette

Version « je me la raconte »

Commence exactement comme pour la version facile, puis fais griller tes cuisses et tes filets (après les avoir salés) à feu bien vif dans une poêle avec de l'huile.

Retire-les du feu et fais revenir tes légumes dans la même poêle, avec tes épices et une partie du bouillon. Laisse cuire à feu doux.

À côté, dans une petite casserole, place les cuisses avec le reste du bouillon, il faut qu'elles baignent dedans, et fais-les cuire 20-30 minutes à frémissement.

Quand c'est fait, réunis tout ce petit monde et c'est prêt !

Il faut que le bouillon soit bien réduit à ce stade de la recette, presque onctueux et très savoureux. Avec une bonne purée de pommes de terre (tu as la recette p. 22), c'est le top !

Sauté de porc à la crème de coco, coriandre et curry

LE MATOS 

45 minutes

au-delà, fais un câlin à la personne la plus proche de toi, s'il n'y a que toi, fais-toi un câlin, ça fait toujours du bien !

La came

pour 4 pélos

600 g d'échine de porc (ou de filet mignon)

1 oignon

2 gousses d'ail

1 ou 2 cm de gingembre frais

500 ml de lait de coco

Coriandre fraîche

Huile d'olive, curry, sel, poivre

Coupe ton échine de porc en cubes grossiers mais réguliers et ajoute du sel. Épluche l'oignon, l'ail et le gingembre. Émince l'oignon. Hache l'ail et le gingembre.

Fais griller l'échine à feu vif sur toutes les faces dans de l'huile. Quand elle est bien grillée, réserve-la et mets l'oignon, l'ail et le gingembre dans la poêle. Fais-les suer 3 minutes à feu moyen, ajoute ton curry (au minimum 1 cuillerée à soupe) avec du sel et du poivre, mélange pendant 1 minute à feu vif, puis incorpore le lait de coco juste avant que ça crame. Remets la viande dans la poêle et fais réduire ta sauce de moitié à feu moyen-doux (10-15 minutes).

Sers ça avec du riz (recette p. 23) et de la coriandre.

Pâtes automnales à la crème de courge,
jaune d'œuf, parmesan et lard fumé

LE MATOS 

25 minutes si t'es un bon
plutôt 40 si t'es un lardon

La came
pour 4 pélos

Pour la crème de butternut :

1 butternut

100 ml de crème fraîche liquide

2 gousses d'ail

Huile d'olive, beurre, sel, poivre

Pour les pâtes :

500 g de pâtes

8 tranches fines de poitrine fumée

6 jaunes d'œufs (je vous file une recette facile p. 168 pour ne pas jeter les blancs)

150 g de parmesan râpé

Sel, poivre, laurier

Coupe la butternut en deux (attention à tes mains, c'est une coriace), retire les pépins et coupe-la en gros cubes. Balance-la dans une grande casserole et fais-la griller avec de l'huile dans un premier temps, et du beurre dans un deuxième temps, à feu doux durant 5 bonnes minutes.

Pendant ce temps, fais cuire les pâtes dans de l'eau salée avec une feuille de laurier. Stoppe la cuisson 2 minutes avant qu'elles soient *al dente* (pense à récupérer l'eau de cuisson !). Réserve-les dans la casserole après les avoir rapidement passées sous l'eau froide pour éviter qu'elles collent.

Quand la butternut a chopé une légère caramélisation, ajoute 100 à 150 ml d'eau de cuisson des pâtes selon sa taille (ou du bouillon), la crème, l'ail entier mais épluché, et laisse cuire 20 bonnes minutes à couvert, puis 10 minutes à découvert à feu moyen (l'astuce, c'est de remuer de temps en temps en grattant bien le fond).

Fais griller les tranches de poitrine fumée dans une poêle bien chaude et déglace avec 1 louche d'eau de cuisson des pâtes avant de couper le feu (pour éviter que les jaunes cuisent à l'étape suivante).

Ajoute les jaunes d'œufs, le parmesan et fouette le tout pour obtenir une belle sauce.

Une fois la courge bien cuite et tendre (vérifie la cuisson en plantant une lame de couteau dans la chair), mixe-la entièrement (avec la peau).

Verse la crème de butternut dans la casserole avec les pâtes et mélange à feu moyen 2-3 minutes. Une fois que c'est bien chaud, transfère le tout dans la poêle, avec la poitrine fumée. Fais chauffer légèrement à feu doux durant 1 minute.

Rajoute du parmesan et assaisonne à ta convenance !

Ne laisse pas traîner tes blancs d'œufs dans le frigo, sinon tu vas les jeter !
Mélange 6 blancs d'œufs avec 1 bonne cuillerée à soupe de crème, du sel, du poivre et un peu de parmesan si tu le souhaites, puis fais cuire ton omelette blanche à feu moyen en remuant de temps en temps. Tu pourras la manger avec du guacamole, par exemple. C'est pas de la grande cuisine, mais ça te permet de ne rien jeter et d'avoir un bon apport en protéines dans ta journée.

Boulettes comme à Ikea quand tu étais petit

LE MATOS +

25 minutes si t'es chaud
40 si tu le fais exprès

La came
pour 4 pélos

Pour les boulettes :

700 g de bœuf haché

70 g de chapelure

1 cuil. à soupe de persil haché

½ cuil. à café de piment en poudre

¼ de cuil. à café de noix de muscade

70 g d'oignons émincés

½ cuil. à café d'ail en poudre

1 pincée de poivre

½ cuil. à café de sel

1 œuf

Pour la sauce :

60 g de beurre

1 cuil. à soupe d'huile d'olive

50 g de farine

500 ml de bouillon de bœuf

100 ml de crème fraîche liquide

1 cuil. à café de moutarde

1 cuil. à soupe de sauce Worcestershire

Beaucoup d'ingrédients, certes, mais la recette est simple comme bonjour ! Commence par mélanger tous les ingrédients des boulettes (la première liste, hein, me mets pas les ingrédients de la sauce !). Forme tes boulettes (si tu mets de l'huile sur tes mains, ça ne collera pas).

Fais-les cuire sur toutes les faces dans une poêle bien chaude, avec de l'huile. On veut qu'elles soient bien grillées, mais pas tout à fait cuites à l'intérieur. Réserve-les pour préparer la sauce dans la même poêle.

Fais fondre le beurre avec l'huile, ajoute la farine puis mélange 1 minute à feu moyen.

Ajoute le bouillon et fais-le réduire de plus de la moitié pour concentrer les saveurs. Termine avec la crème, la moutarde et la sauce imprononçable Worsmachin, là.

Remets tes boulettes à cuire 5 minutes dans la sauce à feu doux, en les arrosant un peu. Sur du riz blanc ou avec des frites, tu vas voir, on s'y croirait ! Enfin, moi, j'ai kiffé.

Tartare de bœuf à l'italienne

LE MATOS

20 minutes

La came
pour 4 personnes

200 g de bavette de bœuf
40 g d'artichauts confits
40 g de tomates confites
½ échalote
1 cuil. à soupe de câpres
½ gousse d'ail
1 jaune d'œuf
1 bon filet d'huile d'olive
Parmesan
Basilic frais
Huile d'olive, fleur de sel, poivre

L'idée, pour un tartare, c'est que tous les morceaux – condiments et viande – fassent la même taille. Plus c'est coupé fin, meilleur c'est, mais attention : on ne veut pas de la bouillie non plus !

Donc détaille tout ce petit monde, viande et légumes, en petits dés.

Mets le jaune d'œuf dans un bol avec de la fleur de sel et du poivre, puis bats-le avec un filet d'huile pour en faire une sorte de mayo (assez liquide). Ajoute tous les autres ingrédients et mélange bien.

Termine avec le basilic frais et du parmesan (râpé minute, c'est bien meilleur). Et régale-toi !

Tacos au pulled pork

LE MATOS +

30 minutes si t'es un bon
puis file sur ton canap'

La came
pour 4 pélos

800 g d'échine de porc
(tu peux en faire plus si tu veux
en manger demain… et tu voudras
sûrement en manger demain)

2 cuil. à soupe de miel

Huile neutre, sel, poivre,
piment d'Espelette, paprika fumé

Pour le montage :

Tortilla de maïs ou de blé

Purée d'avocat (de la chair d'avocat écrasée avec du jus de citron et du sel)

Crème d'Isigny

Tomates cerises

1 oignon

Sale l'échine et fais-la griller bien fort sur toutes les faces avec de l'huile (il faut qu'elle soit bien grillée partout).

Baisse à feu moyen, ajoute le miel et les épices pour recouvrir toute la surface, retourne la viande pour qu'il y ait du miel et des épices partout partout. Ajoute de l'eau à mi-hauteur, mets un couvercle et laisse cuire à feu moyen-doux jusqu'à évaporation complète.

Répète l'opération tant que la viande ne s'effiloche pas à la fourchette, ça peut prendre 1 ou 2 heures de cuisson.

Détaille ta viande en cubes de 50 à 80 g environ pour accélérer le processus.

Pour le montage, étale ta purée d'avocat et ta crème froide sur la tortilla, ajoute les tomates cerises et l'oignon épluché et coupé fin. Termine avec la viande effilochée à la fourchette et badigeonnée de son jus de cuisson, et referme le taco.

Fais-le griller à la poêle des deux côtés, c'est prêt !

Carbonnade flamande à ma façon

Et la technique pour réussir tous les plats mijotés du même type

LE MATOS

+

30 minutes si t'es un champion

La came

pour 4 bons vivants

1 kg de bœuf à mijoter type paleron

3 gros oignons

40 g de beurre

300 g de poitrine fumée

5 tranches de pain d'épice

1 cuil. à soupe de moutarde

1 cuil. à soupe de cassonade

500 ml de bière brune

500 ml de bière ambrée

Huile neutre, sel, poivre, laurier

Commence par parer ta viande, si ce n'est pas déjà fait. Coupe-la en cubes à peu près égaux (environ 5 cm). Épluche et émince les oignons.

Fais griller ton bœuf après l'avoir salé dans une grande casserole bien chaude, avec de l'huile. L'idée, c'est que les morceaux ne se touchent pas à ce stade pour éviter que ça bouille. On veut que la viande soit bien grillée sur toutes les faces. N'hésite donc surtout pas à mettre le feu très fort et à le faire en plusieurs fois. Au moment où tu fais griller la dernière face, ajoute le beurre pour faire caraméliser le tout.

Réserve le bœuf et fais griller la poitrine fumée de la même manière. Mets-la aussi de côté et, toujours dans la même casserole, fais revenir les oignons 3 minutes à feu moyen, puis remets toute la viande avec.

Mélange et ajoute les tranches de pain d'épice, la moutarde, la cassonade, la bière, du sel, du poivre, du laurier et 1 verre d'eau.

Laisse mijoter la carbonnade 3 ou 4 heures à feu moyen-doux (plus doux que moyen, hein) et à couvert (mais enlève le couvercle pour la dernière heure). N'oublie pas de mélanger de temps en temps, pour que ça n'attache pas au fond. À la fin, la viande doit être fondante et la sauce onctueuse. Si ce n'est pas le cas, recommence. Je déconne, bien sûr !

Si la viande est encore un peu ferme, c'est qu'elle n'est pas assez cuite. À ce moment-là, si tu manques de sauce, tu peux rajouter un peu d'eau, remettre un couvercle et laisser cuire à feu moyen-doux jusqu'à ce qu'elle soit fondante.

Au contraire, si la viande est cuite, mais que la sauce n'est pas assez réduite, tu peux simplement continuer la réduction encore quelques instants sans le couvercle.

Pour réussir un plat mijoté

La base d'un bon plat mijoté se fait au moment où on grille la viande. Il faut vraiment que toutes les faces soient très bien grillées, dans le jargon on dit : « presque cramé ». J'ai bien dit « presque » et pas « cramé » !
Au moment où tu as fini de griller ta viande avec de l'huile, ajoute du beurre pour la faire caraméliser pendant encore 1 ou 2 minutes. Après ça, tu déglaces avec ton liquide (du bouillon, l'eau, de la bière ou un autre alcool...). C'est là que la magie va opérer. Les sucs de cuisson vont se mélanger au liquide et donner beaucoup de goût à la sauce. Après ça, tu connais : agrémente avec une garniture aromatique et assaisonne plutôt en fin de cuisson. Eh oui, comme la sauce doit réduire, tu peux être surpris en mettant trop de sel au départ, sans t'en rendre compte. Et là, il y a deux écoles : soit tu fais cuire à couvert à feu moyen-doux jusqu'à ce que la viande soit cuite, puis tu découvres pour faire réduire la sauce. Soit tu peux simplement faire cuire la viande à feu très doux, ça va prendre plus de temps mais le résultat est le même – perso, je suis pas patient, donc je préfère la première technique.

et si on faisait
un tour en mer ?

COMMENT

conserver ton poisson

POUR QU'IL NE SENTE PAS LA MARÉE BASSE

CONSERVATION PLUS LONGUE, PLUS SÛRE ET PAS D'ODEUR NAUSÉABONDE.

J'utilise cette technique qui me vient d'un très bon ami à chaque fois, vraiment tout le temps, que ça soit pour un tartare ou une cuisson, peu importe !

Pour conserver au mieux ton poiscaille, la bleusaille, je te conseille, dès ton retour des courses, de déballer la bête, qu'elle soit entière, en filet, peu importe, tu vas simplement la passer dans un mélange de gros sel et de sucre (tant pour tant, ça veut dire 50-50), il faut qu'il y en ait partout. Laisse agir 10-15 minutes et rince abondamment à l'eau froide. Sèche le poisson avec un essuie-tout et place-le dans un torchon propre au frigo (attention, ton torchon ne doit pas sentir la Soupline®, sinon ton poisson va s'imprégner de cette odeur !). Si t'as pas de torchon propre, du Sopalin® fera l'affaire, mais c'est pas l'idéal : ça peut coller au poisson.

L'idée, c'est qu'il soit bien au sec dans ton frigo. Surtout ne l'enferme pas hermétiquement, il faut qu'il puisse « respirer ».

Cuisson du poisson à l'unilatérale

LE MATOS 

10 minutes mon pote
plutôt 40 si t'as deux mains gauches

La came
pour 4 pélos

1 filet de poisson avec la peau de préférence

Herbes aromatiques : laurier, thym... (optionnel mais ça donne un petit je ne sais quoi en plus)

Le jus de ½ citron

Huile d'olive, beurre , sel

C'est pour moi la meilleure façon de manger du poisson avec la peau !

Il suffit de faire chauffer la poêle assez fort (ajoute du papier sufurisé au fond de ta poêle si elle accroche), avec un filet d'huile, puis balance le poisson côté peau, salée au préalable : grâce au sel, elle va se déshydrater et devenir croustillante plus facilement.

Baisse à feu moyen, ajoute du beurre et fais danser tout ce petit monde dans ta poêle pour qu'il devienne mousseux, sans retourner le poiscaille. Tu peux maintenant arroser ton poisson de beurre, sur la chair, pour le cuire de ce côté également, durant 1-2 minutes selon l'épaisseur du filet. Ajoute un filet de citron pressé à la fin si t'es chaud, et c'est prêt.

À ce moment-là, on veut que la peau soit croustillante et la chair moelleuse. Si la peau n'est pas croustillante, c'est que le feu n'a pas été assez fort, assez longtemps. Et si elle est cramée, c'est que le feu a été trop fort, trop longtemps. C'est une question de dosage. Généralement, si la peau est parfaite et que tu as bien arrosé la chair, celle-ci sera parfaitement moelleuse.

La première fois, ce ne sera sûrement pas parfait, mais au fur et à mesure, tu vas choper le coup, et je t'assure que c'est la meilleure façon de cuire un filet de poisson !

Cabillaud poché, écume au curcuma

LE MATOS +

25 minutes
plutôt 40 pour les moldus

La came
pour 4 pélos

1 poireau

1 gousse d'ail

1 ou 2 cm de gingembre frais

½ cube de bouillon de légumes

300 ml de lait

4 filets de dos de cabillaud (n'oublie pas la technique p. 90 pour les conserver)

Coriandre fraîche pour servir (optionnel)

Huile d'olive, sel, poivre, curcuma

Émince le poireau le plus finement possible. Épluche l'ail et le gingembre, puis hache-les finement.

Fais revenir le poireau, l'ail et le gingembre à feu moyen dans une casserole avec de l'huile. On ne veut pas de coloration. Assaisonne avec du poivre et le cube de bouillon émietté, puis mouille avec le lait. Mets un couvercle et laisse cuire 20 minutes à feu doux.

Tu peux utiliser la préparation tout de suite si tu es pressé, mais je te conseille de l'oublier 4 ou 5 heures sur ton plan de travail, les saveurs auront le temps d'infuser.

Quand c'est fait, filtre la préparation pour ne récupérer que le lait.

Sors ton cabillaud du frigo 30 minutes avant de le faire cuire.

Remets le lait à bouillir, coupe le feu et mets le cabillaud dedans tout de suite, avec un couvercle. Attention, à cette étape, il faut que tout le cabillaud soit recouvert de bouillon. Donc utilise une casserole de taille adaptée.

Selon l'épaisseur du poisson, laisse-le pocher entre 3 et 5 minutes. Et si tu aimes le poisson bien cuit, bah je peux plus rien faire pour toi.

Après, mets ton poisson de côté sous une feuille d'aluminium, récupère le bouillon et fais-le réduire de moitié avant d'ajouter du curcuma. Tu n'as plus qu'à le mixer en surface pour obtenir l'écume.

Déguste aussitôt le poisson tempéré parfaitement cuit avec l'écume bien chaude et pourquoi pas un petit risotto ! Et un peu de coriandre ciselée si tu aimes !

Moules marinières aux poireaux

LE MATOS 

45 minutes
si tu mets plus, laisse un commentaire complètement absurde sur ma dernière vidéo

La came
pour 4 pélos

(les moules, ça se conserve pas très bien, faut tout manger tout de suite)

2,5 kg de moules

2 poireaux

2 échalotes

1 branche de céleri

1 gousse d'ail

1 bonne lampée de vin blanc (ou de porto blanc si t'aimes le sucré-salé, moi j'adore)

100 ml de crème fraîche liquide

1 grosse cuil. à soupe de mascarpone (si t'es un gros gourmand comme moi)

Le jus de 1 citron

Persil frais pour servir (optionnel)

Huile d'olive, sel, poivre

Commence par vérifier si tes moules ont été bien préparées : plus de barbes ni petits coquillages sur la coque ! Sinon, tu vas les retrouver dans la sauce et c'est dégueulasse.

Rince-les abondamment à l'eau froide ou suis les indications sur le paquet (ou celles de ton poissonnier).

Émince finement les poireaux, les échalotes, le céleri et la gousse d'ail.

Mets tous tes légumes à suer dans une casserole avec de l'huile à feu moyen. N'oublie jamais de saler. Ici, on ne veut pas de coloration, simplement que les légumes rendent leur eau, 10 minutes à feu moyen-doux devraient suffire.

Quand c'est fait, ajoute tes moules bien égouttées. Déglace avec le vin blanc, ajoute la crème et le mascarpone, puis laisse cuire à couvert 3 à 5 minutes en secouant le tout de temps en temps. Tu sauras si c'est cuit quand les moules seront ouvertes (moi, à ce moment-là, j'aime bien pousser encore 1 ou 2 minutes).

Bon, je t'apprends rien, mais ça, avec des frites, c'est excellent. Si tu rajoutes une bonne lampée de jus de citron, t'es un boss. Et avec un peu de persil ciselé… Allez, bon ap' !

Tartare de thon, de mangue et d'avocat

LE MATOS

20 minutes
au-delà, envoie « je t'aime » par SMS à ta grand-mère

La came
pour 4 pélos

300 g de thon

1 avocat

¾ de mangue

1 pincée de gingembre frais haché

Citronnelle très finement ciselée (si tu en trouves)

Le jus et le zeste de 1 citron vert bio

Coriandre (basilic si tu trouves que la coriandre a un goût de savon) (si t'aimes pas le basilic, mange un yaourt)

Huile d'olive, sel, poivre, piment d'Espelette

Coupe en petits cubes le thon, l'avocat et la mangue, on appelle ça une brunoise.

Ajoute le gingembre et la citronnelle, ainsi que le zeste et le jus de citron.

Termine avec quelques feuilles de coriandre, un filet d'huile, du sel, du poivre et du piment d'Espelette. Mélange bien et c'est prêt !

Version au saumon

Je garde la même recette, sauf que je ne mets pas le gingembre, la citronnelle et la coriandre. Mais tu feras bien ce que tu veux...

Ah ! oui, j'allais oublier : je mets moitié saumon frais, moitié saumon fumé. Tu vas voir, c'est de la frappe.

En gros, je remplace le thon par 150 g de saumon frais et 150 g de saumon fumé.

aubergine

Fish and chips
avec le poisson le moins cher de l'étal, béarnaise à ma façon

LE MATOS  + 

45 minutes
si t'es une championne
plutôt 1 heure si t'es à Narbonne

La came
pour 4 pélos

4 filets de poisson blanc

Le zeste de 1 citron vert bio

1 pincée de gingembre frais haché (ou en poudre)

Huile d'olive, sel, poivre

Pour la panure :

1 verre de farine

1 verre de bière blanche

1 œuf

Pour la sauce :

1 échalote

1 oignon

250 ml + 2 cuil. à soupe de bière blanche

4 jaunes d'œufs

Le jus et le zeste de 1 citron vert bio

Herbes fraîches (aneth, ciboulette ou estragon, peu importe, ça fait le job)

Huile d'olive, sel, poivre

Fais mariner le poisson avec un peu d'huile, le zeste de citron, le gingembre, du sel et du poivre. Toute la nuit, c'est idéal, sinon, t'en fais pas, ça sera très bon quand même.

Pour la sauce, épluche et cisèle finement l'échalote et l'oignon, puis fais-les suer dans une petite casserole avec de l'huile, du sel et du poivre. Ajoute 250 ml de bière et fais-la réduire à glace (jusqu'à ce qu'il n'en reste quasiment plus).

Réserve cette préparation et mets dans la casserole 2 cuillerées à soupe de bière et les jaunes d'œufs. Départ à froid. Fouette énergiquement à feu moyen-doux jusqu'à obtenir une consistance onctueuse. Attention : si le feu est trop fort, ça va faire des œufs brouillés et on ne veut pas ça. Et si le feu est trop bas, ça va te prendre 3 plombes. Alors, dose avec justesse, en enlevant ta casserole du feu de temps en temps pour contrôler la température.

Une fois que c'est onctueux, coupe le feu, puis incorpore la préparation précédente. Mélange bien et ajoute du jus de citron vert et des herbes fraîches – si tu en as sous la main. Moi, je préfère l'estragon.

Ensuite, prépare une casserole avec un bain d'huile à 180 °C environ. Si tu n'as pas de thermomètre, ce n'est pas grave, fais juste en sorte que l'huile soit bien chaude (fais pas tout flamber non plus). Attention à ce que ton bain d'huile ne dépasse pas la moitié de la hauteur de la casserole. Sinon, ça pourrait déborder.

Pour la panure, mélange la farine, la bière et l'œuf. Quand le mélange est homogène, plonges-y tes morceaux de poisson à l'aide d'une pince, c'est mieux, à défaut une fourchette ou une cuillère. Puis, très rapidement, mets-les dans l'huile pour 3 minutes environ.

Sers-toi ça avec des frites et kiffe, mon lapin.

Ceviche de dorade royale

LE MATOS 

10 minutes

La came

pour 2 personnes

2-4 filets de dorade royale (environ 150 à 200 g)

Wasabi (optionnel)

½ avocat mûr

¼ d'oignon rouge

Pour la marinade :

100 ml de lait de coco

Quelques feuilles de basilic et de coriandre hachées

Le zeste de 1 citron vert bio

Le jus de ½ citron vert

1 ou 2 cm de gingembre frais, râpé ou haché (ou moins si t'es pas un grand fan)

1 cuil. à café de piment d'Espelette

Fleur de sel

Enlève les arêtes et la peau de tes filets de dorade, puis coupe-les en fines lamelles. Tapisse le fond d'un plat de lamelles de poisson. Tu peux ajouter de petites pointes de wasabi ici et là si t'aimes ça.

Mélange-moi bien tous les ingrédients de la marinade dans un bol, puis verse le tout sur le poisson. Réserve 2 bonnes heures au frais.

Coupe l'avocat et l'oignon en fines lamelles et dispose-les harmonieusement sur le poisson juste avant de servir. Vas-y, régale-toi maintenant !

Burger façon tataki de thon

LE MATOS 

30 minutes si t'es un bon
plutôt 45 si t'es un lardon

La came
pour 4 pélos

500 g de thon rouge frais
2 oignons nouveaux
4 échalotes
1 avocat mûr
4 buns à burger
Pavot, sésame
Huile neutre, sel, poivre

Pour la marinade du thon :

4 cuil. à soupe de sauce soja salée
4 cuil. à soupe de sauce soja sucrée
2 cuil. à soupe d'huile d'olive
1 cuil. à soupe d'huile de sésame
1 cuil. à soupe de miso
1 cuil. à café de sauce nuoc-mâm
1 cuil. à café de harissa
1 oignon nouveau émincé

Pour la spicy mayo :

1 œuf
1 cuil. à café de moutarde
1 cuil. à café bombée de purée de piment (ou harissa)
1 cuil. à café de gingembre frais râpé
1 cuil. à soupe d'huile d'olive
1 cuil. à soupe de vinaigre de riz (ou de vinaigre de cidre)
200 ml l'huile neutre (environ)
Sel, poivre

Mélange tous les ingrédients de la marinade et plonges-y le thon au moins 4 heures.

Épluche et émince finement les oignons et les échalotes. Réserve les oignons au frais et fais frire les échalotes dans de l'huile jusqu'à ce qu'elles soient bien grillées. Réserve-les sur du papier absorbant et sale-les tout de suite pour les rendre bien croustillantes.

Détaille l'avocat en fines lamelles.

Fais griller les buns à la poêle.

Prépare la mayo : verse tous les ingrédients (l'huile en dernier) dans un bocal à bord haut, puis plonge le mixeur dans le bocal. Commence par bien mixer dans le fond et remonte progressivement vers la surface. Si ça manque de goût, rajoute un peu de moutarde, de piment, de sel ou de poivre, ou tout ça en même temps.

Au bout des 4 heures de marinade, égoutte le thon et passe-le tout de suite dans le mélange de pavot et de sésame pour le paner.

Fais-le griller très fort dans une poêle bien chaude avec de l'huile neutre, 1 minute 30 de chaque côté, puis taille-le en bandes régulières pas trop fines.

C'est le moment d'assembler ton burger : commence par le pain, puis la mayo spicy, le thon, l'avocat, l'échalote, l'oignon nouveau, un peu de mayo sur le chapeau ; tu refermes... et tu kiffes !

Saumon cuit à l'unilatérale
et écrasé de pommes de terre à l'huile d'olive

Avec ce plat, je te conseille la sauce vierge (recette p. 18)

LE MATOS 

30 minutes

si tu mets plus de 45 minutes, va faire une balade en forêt ce week-end

La came

pour 4 pélos

4 pavés de saumon

Sauce vierge (voir p. 18)

Pour l'écrasé de pommes terre :

750 g de pommes de terre

100-150 ml d'huile d'olive

100-200 ml de crème fraîche liquide à 30 % de MG (on prend une crème riche pour « nourrir » la pomme de terre)

Sel, poivre, romarin, laurier (optionnel)

Réalise la recette de purée de pommes de terre de la p. 22 en remplaçant le beurre par de l'huile et en écrasant les pommes de terre à la fourchette au lieu de fouetter.

Prépare la sauce vierge selon les indications de la recette p. 18.

Pour le poisson, exécute la technique de cuisson à l'unilatérale de la p. 91.

Bon, tu me dirais : « Léo, tu t'es pas foulé pour cette recette », tu n'aurais pas tort du tout.
Mais il y a tout de même une raison.
Il existe une multitude de bouquins de recettes, et souvent, en tant qu'amateur, quand on en lit un, on le prend un peu trop au pied de la lettre, comme si c'était la vérité absolue.
Alors que pas du tout, c'est la vérité de celui qui l'a pensé avec ses connaissances et ses goûts. Et tu sais quoi ?
Bah, c'est un humain comme toi et moi, donc tout ce qu'il a écrit, tu peux le réinterpréter, le (ré)assembler, le réinventer à ta manière.
En fait, ce que je veux dire là, c'est que la sauce de la recette de la p. 18 peut aller avec la viande de la p. 68.
Et s'il te manque un ingrédient de la recette de la p. 85, c'est pas grave, tu peux le remplacer ou pas.
En fait, en cuisine, tout est possible, il suffit de se faire confiance, de prendre un peu d'expérience et de tenter des trucs, c'est tout !

Risotto de lentilles, filet de dorade grillé
et chips de lard fumé

LE MATOS 

35 minutes
au-delà, fais une petite danse dans ta cuisine

La came
pour 4 pélos

- 1 oignon
- 2 gousses d'ail
- 8 tranches fines de poitrine fumée
- 150 g de lentilles blondes (mes préférées, mais tu peux mettre celles que tu as sous la main)
- 50 ml de vin blanc
- 1 l de bouillon de volaille (ou autre)
- 100 ml de crème fraîche liquide
- 100 g de parmesan râpé
- 4 filets de dorade
- Le jus de 1 citron
- Ciboulette fraîche pour servir (optionnel)
- Huile d'olive, beurre, sel, poivre, piment d'Espelette

Épluche l'oignon et l'ail. Cisèle l'oignon et hache l'ail.

Fais griller ta poitrine fumée à feu vif dans une grande casserole.

Baisse à feu moyen, réserve la poitrine et fais suer l'oignon et l'ail à l'huile. N'oublie pas d'assaisonner.

Quand c'est fait, ajoute les lentilles, mélange, attends 1 bonne minute et déglace avec le vin blanc. Fais réduire à glace (jusqu'à ce qu'il ne reste quasiment plus de vin) puis ajoute une partie du bouillon.

Laisse cuire à feu moyen, mélange et mouille de temps en temps ton risotto avec le bouillon jusqu'à que tes lentilles soient cuites.

À ce moment-là, laisse réduire le bouillon au maximum, baisse le feu à doux, ajoute la crème et le parmesan, mélange et c'est prêt. Avec un petit filet de jus de citron et pourquoi pas un peu de ciboulette ciselée, tu vas voir, c'est une tuerie !

Pour la cuisson du poisson à l'unilatérale, je te laisse te référer à la p. 91. Tu n'auras plus qu'à dresser harmonieusement le risotto, le poisson et la poitrine fumée.

Si t'es vraiment déter', fais comme moi : j'aime bien ajouter un légume grillé genre courgette, ou des poireaux fondus, en fonction de la saison.

L'oeuf

au cœur du plat

LES DIFFÉRENTES CUISSONS DES ŒUFS

Œuf poché (LE PLUS TECHNIQUE)

2-3 minutes dans de l'eau à peine frémissante, avec un peu de vinaigre blanc

ŒUF AU PLAT

2-3 minutes à la poêle à feu moyen-fort

ŒUF À LA COQUE

3 minutes dans de l'eau frémissante salée (on commence à compter les 3 minutes à la reprise de l'ébullition)

ŒUF MOLLET

5 minutes 30 voire 45 secondes dans de l'eau frémissante salée (*idem*, compter à la reprise de l'ébullition)

Œuf dur

8 minutes dans de l'eau frémissante salée

À noter : quand je dis « frémissante », l'eau est quasiment à ébullition.

Crème de petits pois, œufs mollets et pickles

LE MATOS 

30 minutes
si tu mets plus de 1 heure, envoie « on se fait un pique-nique ce week-end ? » à quelqu'un que tu as envie de voir...

La came
pour 4 fins gourmets

1 oignon

1 gousse d'ail

300 g de petits pois frais ou surgelés (je prends souvent des surgelés et ça fonctionne très bien)

½ cube de bouillon de légumes

4 œufs

50 ml de crème fraîche liquide (optionnel)

Pickles (tu as la recette en p. 20)

Huile d'olive, sel, poivre, curry, curcuma

Épluche l'oignon et l'ail. Émince ton oignon grossièrement et hache ta gousse d'ail. Fais-les suer dans une casserole à feu moyen avec de l'huile. N'oublie pas d'assaisonner.

Ajoute les épices et fais-les torréfier 1 minute (y a juste à remuer un coup à feu moyen, ça amplifie les saveurs de l'épice).

Incorpore les petits pois, le cube de bouillon émietté et mouille à hauteur. Couvre et laisse cuire environ 15 minutes à feu moyen.

Pendant ce temps, fais cuire tes œufs environ 5 minutes 30 dans de l'eau frémissante (elle bout presque).

Mixe tes petits pois avec la crème et un filet d'huile, rectifie l'assaisonnement et c'est prêt.

Sers-toi ça avec une bonne tranche de pain de campagne toastée !

Œufs cocotte à la poêle

LE MATOS 

25 minutes si t'es un boss
plutôt 40 si t'es une bosse

La came
pour 4 pélos

1 vert de poireau (fais une fondue avec le reste, par exemple !)

300 ml de crème fraîche liquide (on est pas là pour faire un régime avec celle-là)

150 g de fourme d'Ambert

4 œufs

Huile d'olive, sel, poivre

N'oublie pas le pain pour tremper !

Cisèle ton vert de poireau bien finement et fais-le suer à l'huile d'olive. N'oublie pas d'assaisonner.

Quand c'est fait, ajoute la crème et fais-la réduire un peu. Attention, elle va vouloir s'échapper de la casserole, baisse le feu si c'est le cas.

Ajoute la fourme d'Ambert, fais-la fondre en mélangeant 1 minute. C'est prêt, coupe le feu et réserve.

Répartis les blancs d'œufs dans 4 ramequins et laisse les jaunes dans leurs coquilles, sans les casser c'est mieux (prends ton temps, y a pas le feu, enfin j'espère !). Répartis la crème dans les ramequins et mets-les dans une grande poêle, avec de l'eau jusqu'à mi-hauteur, on va faire un bain-marie en gros. Allume le gaz pleine balle.

Une fois que l'eau atteint le frémissement, mets un couvercle, baisse le feu à doux et laisse cuire 3 minutes. Rajoute tes jaunes et laisse reposer 1 minute 30, feu éteint, avec le couvercle.

3 variantes

• Remplace le poireau par 200 g de poulet et ajoute un peu de tomates confites.

• Remplace la fourme d'Ambert par du chèvre frais et ajoute des noix.

• Tu l'auras compris, tu mets ce qui te fait plaisir, alors amuse-toi à trouver la meilleure combinaison possible en testant tout ce qui te passe sous la main. Si jamais tu tentes avec de la banane et du chocolat, partage-moi ça en story et tague-moi, ce sera un grand honneur de te repartager.

Chakchouka de tomates à la feta et au persil avec ses croûtons

LE MATOS +

30 minutes
40 minutes maxxxx

La came
pour 4 pélos

150 g de pain (peu importe le type de pain)

1 oignon

1 gousse d'ail

400 g de tomates concassées

8 œufs

100 g de feta

Quelques brins de persil

Huile d'olive, sel, poivre

Coupe ton pain en gros cubes et fais-le griller dans la poêle avec de l'huile, du sel et du poivre.

Épluche l'oignon et l'ail. Émince l'oignon et hache la gousse d'ail que tu vas faire suer dans la poêle avec de l'huile d'olive.

Quand c'est fait, ajoute les tomates et laisse cuire 15 minutes à feu moyen-doux.

Fais de petits nids pour accueillir les œufs que tu vas casser dedans. Ajoute la feta émiettée. Mets le couvercle et laisse cuire 2-4 minutes à feu moyen.

Retire le couvercle au bout de 2 minutes et vois si le blanc est totalement cuit, sinon patiente un peu.

Coupe le feu, ajoute les croûtons et le persil. Ça, avec un bon riz basmati (tu as la recette p. 23), c'est le top !

Version italienne

Remplace la feta par de la mozza, le persil par du basilic et ajoute de la coppa ou n'importe quel jambon cru tranché finement. Tu vois, avec la base d'un plat, on peut s'amuser à créer des variantes. L'idée de ce bouquin, c'est pas que tu reproduises à la lettre les recettes qui y figurent, c'est plutôt que tu prennes conscience qu'on peut tout modifier ou transformer à sa guise et faire des choses super-bonnes ! Il suffit d'avoir les bases et je pense sincèrement que ce livre en est une, simple certes, mais qui peut te permettre de faire plein de choses.

Œufs à la coque et grilled cheese
façon mouillettes aux champignons

LE MATOS

30 minutes si t'es un pro

La came
pour 4 pélos

300 g de champignons

1 échalote

1 gousse d'ail

1 fond de verre de porto (si tu en as, n'achète pas une bouteille que pour ça, tu risquerais d'en mettre dans plein de plats et de te rendre compte que c'est incroyable)

8 tranches de pain de campagne (ou simplement de pain de mie)

200 g de bon cheddar (et pas la daube qui ressemble à du plastique, après si t'as que ça, ça fera le job)

4 œufs

Huile d'olive, beurre, sel, poivre

Épluche l'échalote et l'ail. Émince finement tes champignons et ton échalote. Hache l'ail.

Fais griller tes champignons à feu vif avec de l'huile. N'oublie pas d'assaisonner.

Ajoute l'ail, l'échalote et le beurre en baissant le feu à moyen. Laisse cuire 3-4 minutes et déglace avec le porto, puis laisse réduire à glace (jusqu'à ce qu'il ne reste quasiment plus de porto) et réserve.

Mets des tranches de cheddar sur ton pain, puis les champignons au centre, encore du cheddar et referme avec une autre tranche de pain en appuyant bien fort. Défonce-le !

Fais cuire tes œufs à la coque, 3 minutes dans de l'eau frémissante salée.

Fais griller tes sandwichs 2-3 minutes de chaque côté à feu moyen avec un couvercle, et si t'es gourmand, mets du beurre dans ta poêle pour les faire caraméliser un peu.

Sors-les de là et coupe-les en bandes, comme des mouillettes, pour aller taper dans ton œuf à la coque.

Croque-madame hyper-gourmand à la poêle

LE MATOS +

30 minutes maxxxxxx

La came
pour 4 pélos

2 oignons

200 ml de bière blonde ou ambrée

400 g des fromages de ton choix (je mets souvent du gruyère suisse, du comté, de l'abondance, du salers, du saint-nectaire… franchement, fais-toi plaiz', je te conseille juste d'en avoir deux sortes au minimum, un avec du caractère et un moins fort)

200 g de crème fraîche épaisse

4 œufs

8 tranches de pain de campagne (ou pain de mie si c'est la hess)

400 g de bon jambon (ou le truc sous vide si c'est la hess encore une fois, chacun ses moyens)

Ciboulette fraîche pour servir (optionnel)

Beurre, sel, poivre

Épluche et émince tes oignons, fais-les griller dans du beurre 3 minutes à feu moyen-fort, puis déglace avec la bière en plusieurs fois, en laissant réduire entre chaque ajout. Fais réduire à glace (jusqu'à ce qu'il ne reste quasiment plus de bière).

Râpe le fromage et mélange-le avec la crème et du poivre.

Fais cuire tes œufs au plat et réserve-les. Tu peux faire ça à la fin si tu as 2 poêles.

Assemble tes croques de cette façon : pain, sauce au fromage, jambon, oignons confits, encore un peu de sauce et pain.

Fais cuire tes croques 3 minutes de chaque côté dans une poêle avec le couvercle – en 2 fois si elle est pas assez grande pour en mettre 4, va pas me faire une bouillie !

Ajoute du beurre pour les faire griller des deux côtés, cette fois-ci sans le couvercle.

Sers-toi sans plus attendre avec l'œuf à cheval, et pourquoi pas un peu de ciboulette ciselée, tu vas kiffer.

Œufs brouillés

LE MATOS (couteau + casserole)

10 minutes
si tu mets plus, envoie un message à ton frère ou à ta sœur pour lui demander comment il (elle) va

La came
pour 4 pélos

10-12 œufs

1 bonne noisette de beurre

1 lichette de crème fraîche liquide (pour stopper la cuisson)

Ciboulette fraîche pour servir (optionnel)

Sel, poivre

Texture lisse

Casse tes œufs dans un bol. Fais fondre le beurre à feu moyen dans une casserole. Ajoute les œufs, du sel et du poivre (mollo sur le sel, on a tendance à trop en mettre, tu en rajouteras à la fin si nécessaire).

Fais cuire les œufs en les fouettant régulièrement, l'idée c'est de stopper la cuisson un peu avant celle souhaitée ; moi, j'aime quand c'est à peine cuit, donc je l'arrête quand ils sont encore justes, j'ajoute la crème hors du feu et je fouette énergiquement.

Texture plus rustique

Réalise exactement le même processus à la différence qu'ici, tu vas utiliser une cuillère en bois pour mélanger les œufs, et que tu le feras moins souvent. Arrête la cuisson quand ils sont prêts pour toi.

Moi, j'aime bien les manger nature, une habitude. Mais mon ami d'enfance, lui, il ajoute des oignons, du fromage râpé, de la crème. Donc, franchement, mets-y ce qui te plaît : herbes fraîches ou autres. On est là pour kiffer, pas pour se brider !

Mayo express
au mixeur plongeant en 3 minutes top chrono

+ variantes algérienne, acidulée pour le poisson, samouraï

LE MATOS 

---

3 minutes

La came

pour 250 g de mayonnaise express

1 œuf entier
1 cuil. à café de moutarde
200 ml d'huile neutre (environ)
Sel, poivre

Verse tous les ingrédients dans un bol avec des rebords assez hauts.

Mixe en commençant par le fond et remonte tranquillement vers la surface. Plus tu vas prendre ton temps, mieux elle se tiendra.

Pour la sauce algérienne, ajoute :

1 petit oignon rouge ciselé
Persil frais haché
1 cuil. à soupe de concentré de tomate
1 cuil. à soupe de harissa
1 cuil. à café de vinaigre
½ cuil. à café de cumin en poudre
1 cuil. à café de paprika
1 cuil. à soupe de sucre
Sel

Pour la sauce acidulée pour le poisson, ajoute :

Le jus et le zeste de 1 citron bio
La dose de ciboulette ciselée finement
Une pointe d'huile d'olive
Sel, poivre

Pour la sauce samouraï, ajoute :

1 cuil. à soupe de ketchup
1 cuil. à soupe de harissa
Le jus de ½ citron
Sel

Ne le jette pas,
cuisine-le !

SI TU VAS LE JETER, LIS ÇA D'ABORD !

Le vert du poireau, par exemple...

LE MATOS (couteau + poêle)

Pas longtemps généralement

La came

Les trucs que tu aurais normalement dû jeter

+ ton imagination, Internet, ta grand-mère...

Fanes
(RADIS, CAROTTES...)

Tu peux en faire un velouté, il suffit d'y mettre de la gourmandise, beurre, crème, patate. Tu as un exemple de recette p. 135

Le vert du poireau

Je l'ai jeté pendant des années, quelle erreur ! C'est aussi bon que le blanc, alors ajoute-le simplement à ta fondue, par exemple, ou dans une soupe ou un bouillon. Lave-le juste comme il faut, il y a souvent plein de cailloux et, crois-moi, tu les veux pas dans ton assiette. Je t'ai mis un exemple de recette p. 115. Un œuf cocotte au vert de poireau, c'est trop bon !

LES FEUILLES DU CHOU-FLEUR

Pareil, bien lavé, tu peux en faire une poêlée. Je te donne un exemple p. 132. C'est grâce au chef N-Zem que j'ai appris ça !

LE PIED DU BROCOLI

Tu peux en faire des pickles, en le coupant finement et en suivant la recette p. 20. Sinon, encore plus simple, quand tu fais cuire ta purée de brocoli ou si tu fais une poêlée, coupe-le simplement plus petit que la tête (il cuit plus longtemps) et ajoute-le au reste, c'est parfaitement comestible et délicieux.

Pour trouver plein d'idées de ce genre, je te laisse aller checker le compte du chef N-Zem sur Insta, je trouve qu'il est d'utilité publique. On a tous notre rôle à jouer pour enrayer le gaspillage alimentaire !

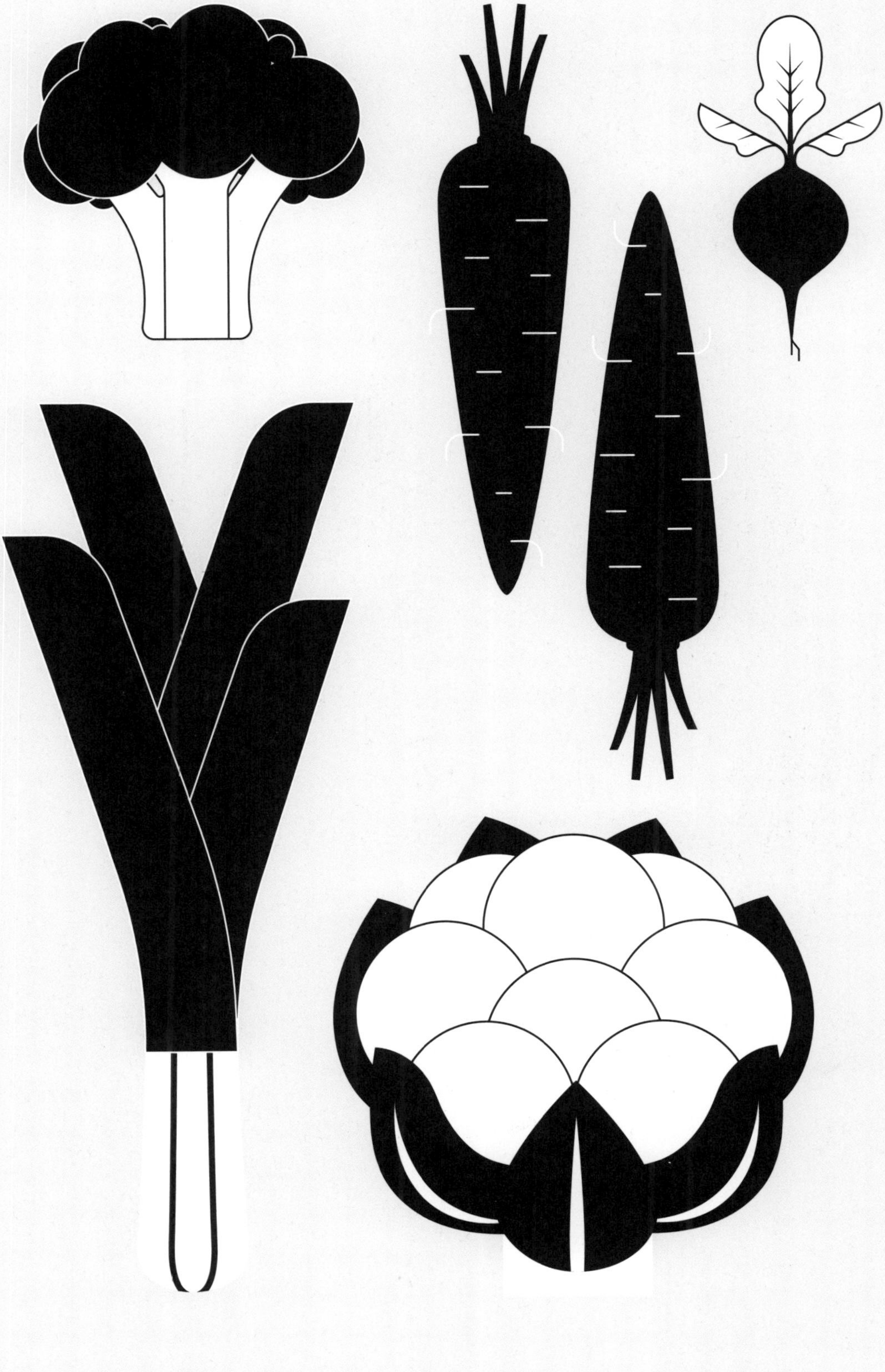

Bouillon incroyable au poulet

+ quoi faire du bouillon après

LE MATOS  + 

---

15 minutes au démarrage

après, va te poser dans le canap'...

La came

pour 4 pélos

- 1 poulet entier
- 1 oignon
- 1 carotte
- 100 ml de vin blanc
- Ciboulette fraîche pour servir (optionnel)
- Huile neutre, beurre, sel, poivre

Commence par lever les filets et les cuisses de ta carcasse de poulet (tu peux trouver plein de vidéos sur le sujet, j'en ai fait une mais celle de @bonnepitance est encore mieux).

Coupe ta carcasse de poulet en morceaux, je sais c'est galère... fais pareil avec la garniture aromatique (oignon et carotte).

Balance ta carcasse salée dans une grande casserole et fais-la griller bien fort avec de l'huile. Ajoute du beurre sur la fin pour la faire caraméliser, puis les légumes pour encore 2 minutes de cuisson à feu moyen.

Déglace au vin blanc et mouille à hauteur avec de l'eau.

À la première ébullition, baisse à feu doux et laisse cuire 1 heure 30 à couvert, puis enlève le couvercle et laisse cuire à découvert à feu moyen pour faire réduire un peu.

Filtre ta préparation à la passoire pour ne récupérer que le bouillon. Poivre et ajoute éventuellement un peu de ciboulette ciselée.

Avec ce bouillon, tu peux faire un risotto incroyable (recette p. 107) ou une basquaise (recette p. 75). Mais le mieux, c'est que tu peux en faire ce que tu veux, donc fais-toi plaiz' ! Juste, dis-toi une chose : tu vois, toutes les recettes qui nécessitent d'ajouter un cube de bouillon avec de l'eau ? Bah là, tu vas les remplacer par ton bouillon maison... et tu vas vite comprendre la différence ! Fais un risotto basique avec ça, sans rien y mettre de fou, il sera quand même incroyable, alors si tu rajoutes des champignons grillés et un peu de ciboulette...

Pâtes à la crème de chou-fleur
et feuilles sautées

On ne jette rien !

LE MATOS

45 minutes
au-delà de 1 heure,
fais 100 pompes ou 50 squats

La came
pour 4 pélos

1 chou-fleur

50-100 ml de crème fraîche liquide

1 oignon jeune
(né il y a 2 h et 47 min exactement)

100 g de parmesan râpé

4 jaunes d'œufs

500 g de pâtes

Huile d'olive, beurre, sel, poivre, piment d'Espelette

Sépare le blanc des feuilles du chou-fleur à la base à l'aide de ton couteau (ou à mains nues si tu peux). Nettoie bien le vert, garde seulement les parties qui ne sont pas abîmées. Émince-le assez finement et blanchis-le 3 minutes dans de l'eau bouillante un peu salée. Égoutte-le et récupère l'eau de cuisson, on va s'en servir.

Coupe grossièrement le blanc du chou-fleur et fais-le griller à feu vif dans la casserole avec de l'huile. Ajoute l'eau de cuisson du vert et fais-le cuire jusqu'à ce qu'il soit tout mou. À ce moment-là, il reste de l'eau de cuisson mais pas trop non plus : si c'est le cas, fais réduire encore un peu en poursuivant la cuisson.Ensuite, mixe-moi tout ça pleine balle avec la crème. Ajuste l'assaisonnement. Fais griller le vert du chou-fleur avec de l'huile, du sel et du poivre, et réserve tout ça.

Fais griller l'oignon émincé, coupe le feu, ajoute le parmesan et pose les jaunes d'œufs par-dessus (il ne faut pas qu'ils cuisent).

Fais cuire tes pâtes, récupère un peu d'eau de cuisson. Ajoutes-en 1 louche encore chaude sur les jaunes d'œufs et mélange. Enfin, mélange tes pâtes, ta mixture à base d'œufs et ta crème de chou-fleur.

Attention : il est important de bien doser les quantités. Moi, par exemple, je laisse toujours un peu de pâtes nature de côté pour les gros dalleux, j'ajoute toute la préparation à base d'œuf sur les autres et je mets la crème de chou-fleur à ma convenance, mais pas forcément tout, à toi de jouer.

Velouté de fanes de radis et croûtons à l'ail

LE MATOS 

20 minutes si t'es un bon
plutôt 40 si t'es un lardon

La came
pour 4 pélos

1 botte de fanes de radis
2 patates
1 oignon
1 cube de bouillon de volaille
1 feuille de laurier
150 ml de crème fraîche liquide
1 cuil. à soupe de moutarde
2 gousses d'ail
200 g de pain
Huile d'olive, beurre, sel, poivre

Lave bien les fanes de radis.

Épluche et coupe grossièrement les patates, fais-les cuire à l'eau (départ eau froide), égoutte-les et garde l'eau de cuisson.

Émince grossièrement l'oignon et fais-le revenir dans de l'huile. N'oublie pas d'assaisonner.

Ajoute le cube de bouillon émietté, 30 g de beurre et le laurier, et laisse cuire 2 minutes à feu doux.

Ajoute les fanes de radis, l'eau des patates à hauteur et laisse cuire 5 minutes à feu moyen.

Hors du feu, ajoute les patates, la crème, la moutarde et un filet d'huile, puis mixe pleine balle (retire le laurier avant, évidemment). Rectifie l'assaisonnement.

Hache les gousses d'ail et déchire ton pain pour en faire des morceaux.

Fais-moi sauter tout ça dans une poêle avec un peu d'huile, de beurre, de sel et de poivre.

Carottes glacées et burrata, vinaigrette de fanes de carotte

LE MATOS 

30 minutes
plutôt 45 pour les moldus

La came
pour 4 pélos

1 botte de carottes (des jeunes, toutes petites)

1 burrata

Amandes effilées grillées

Huile d'olive, beurre, sel, poivre

Pour la vinaigrette :

50 ml d'huile d'olive

30 ml de vinaigre de cidre

Le jus de 1 citron

Purée de piment vert (optionnel)

Blanchis les fanes des carottes 1 minute dans de l'eau bouillante salée, puis refroidis-les tout de suite dans de l'eau froide.

Hache-les, égoutte-les, ajoute les autres ingrédients de la vinaigrette et mixe le tout pleine balle avec un tiers de verre d'eau.

Si tes carottes sont jeunes, laisse-les telles quelles, sinon taille-les en deux ou en trois dans la longueur après les avoir épluchées.

Fais-les griller à feu vif avec de l'huile, puis ajoute du beurre et 1 verre d'eau. Couvre et laisse cuire 5 minutes à feu moyen. Enlève le couvercle et laisse réduire à glace (jusqu'à ce qu'il ne reste quasiment plus d'eau), c'est prêt.

Ouvre ta burrata, dépose-la sur les carottes dans un plat, ajoute la vinaigrette et quelques amandes effilées.

Wok de cosses de petits pois, carottes et poireaux

Super accompagnement pour un poisson ou une viande blanche !

LE MATOS  + 

30 minutes

si tu veux faire ça bien et que t'es pas encore un pro avec le couteau

La came

pour 4 amateurs

Cosses de petits pois (environ la même quantité que le reste)

2 carottes

2 poireaux

1 gousse d'ail

1 ou 2 cm de gingembre frais

1 citron

Huile d'olive, sel, poivre

L'étape la plus technique, ça va être de tailler tous tes légumes en julienne, c'est-à-dire en fins bâtonnets. En gros, tu laves et t'épluches tes légumes au besoin. Tu les coupes en tronçons égaux, ensuite tu coupes ces tronçons en bandes puis en bâtonnets. Tu peux flasher le QR code juste en dessous pour voir comment faire en vidéo.

Ensuite, tu balances ta julienne (tous tes légumes coupés en bâtonnets) dans une poêle à feu moyen avec de l'huile d'olive, la gousse d'ail et le gingembre hachés. N'oublie pas d'assaisonner.

Laisse cuire 5-10 minutes à couvert en mélangeant de temps en temps. Quand c'est cuit, retire le couvercle, met le feu pleine balle et fais sauter tes légumes encore 1-2 minutes. Coupe le feu et déglace avec du jus de citron (si t'es un boss, tu vas même râper le zeste).

C'est l'heure du fromage !

3 IDÉES DE FROMAGES HABILLÉS POUR BRILLER AUPRÈS DE TES POTES

15 minutes
sinon laisse un commentaire complètement absurde sur ma dernière vidéo

LE MATOS

IDÉE 1 / ***La came***

1 bon camembert

Quelques noix (ou pistaches, etc.)

Huile d'olive, miel, sel, poivre

IDÉE 2 / ***La came***

1 beau chaource

1 cuil. à soupe de cream cheese

1 cuil. à café de crème de champignons aromatisée à la truffe (c'est environ 10 € le pot, mais tu peux t'en servir tellement de fois que c'est très rentable. Moi, je le mets au congèle dès la première ouverture et je viens gratter avec ma cuillère à café quand j'en ai besoin pour un risotto ou ce fromage, par exemple. Tu peux en trouver au rayon conserves de ton supermarché.)

Quelques brins de ciboulette ciselée

1 lichette de crème fraîche liquide

Sel, poivre

IDÉE 3 / ***La came***

1 belle tranche de fourme d'Ambert

1 poire

Quelques pistaches

IDÉE 1 / **Camembert**

Coupe la croûte supérieure de ton camembert, coiffe-le de noix concassées, ajoute un filet de miel et d'huile. Assaisonne légèrement.

IDÉE 2 / **Chaource**

Coupe ton chaource en 2 moitiés égales. Prélève le cœur sur tes 2 moitiés et mets-le dans un bol. Ajoute tous les autres ingrédients et mélange bien. Puis remets le cœur dans le chaource et referme-le comme si de rien n'était.

IDÉE 3 / **Fourme d'Ambert**

Dispose de fines tranches de poire et les pistaches sur ta fourme d'Ambert.

Le fromage se déguste à température ambiante, donc sors-le au minimum 45 minutes avant de te le taper.

De manière générale, le fromage et les fruits sont de bons copains. Tu connais la musique maintenant, fais-toi kiffer en trouvant la meilleure association possible.

Grilled cheese aux 3 fromages, oignons confits et salade verte

---

LE MATOS 

---

20 minutes

au-delà de 30 minutes,
appelle ton meilleur pote et dis-lui
à quel point il compte dans ta vie

La came

pour 4 pélos

500 g de fromages (gruyère suisse, comté et abondance) Je trouve que c'est un bon mélange mais tu peux évidemment les remplacer. J'aime bien aussi mélanger vieux cheddar, saint-nectaire et salers.

3 oignons

250 ml de bière blonde ou ambrée

8 tranches de pain de campagne (ou de pain de mie si c'est la hess)

Beurre, sel, poivre

Râpe tout ton fromage.

Émince les oignons grossièrement, fais-les griller avec un peu de beurre, puis déglace avec la bière en 3 ou 4 fois. Laisse réduire entre chaque ajout, puis fais réduire à glace (jusqu'à ce qu'il ne reste quasiment plus de bière).

Ensuite, forme ton grilled cheese dans cet ordre : pain, fromage, confit d'oignons, encore du fromage et du pain.

Fais-le cuire 3 minutes de chaque côté à feu moyen avec un couvercle.

Ensuite, enlève le couvercle, ajoute du beurre et fais-le griller des deux côtés.

Recette de la vinaigrette p. 14, parce que ça passe toujours mieux avec une salade. Pourquoi ? Quand c'est gras, ajoute de l'acidité pour créer un équilibre dans ton assiette ;-) et, comme ça, tu culpabilises pas d'avoir suspendu ton abo' à la salle.

---

du chocolat

sinon rien

Mousses au chocolat et à la fève de tonka

LE MATOS

15 minutes si t'es un champion
25 si t'es un lardon

La came
pour 6 mousses

6 œufs

200 g de chocolat noir

2 cuil. à café de sucre (optionnel)

1 pincée de fleur de sel (optionnel)

1 pincée de fève tonka rapée

Sépare le blanc des jaunes d'œufs. Monte les blancs en neige avec un fouet ou un batteur. Réserve-les au frais.

Fais fondre le chocolat au bain-marie ou au micro-ondes par à-coups de 30 secondes (mélange entre chaque temps de chauffe), 1 minute 30 ou 2 minutes devraient suffire.

Mélange le chocolat énergiquement pour le refroidir un peu, puis ajoute tes jaunes d'œufs tout en continuant de mélanger. Ajoute le reste des ingrédients.

Incorpore ton chocolat aux blancs en neige en 2 fois : d'abord une petite partie pour les détendre, puis tout le reste, à l'aide d'une maryse, en faisant des mouvements circulaires pour ne pas les casser.

Réserve les mousses au frais 2 heures minimum avant de les déglinguer.

Banana bread au chocolat

LE MATOS +

40 minutes

plutôt 30 si tu faisais des gâteaux avec ta mère quand tu étais petit

La came

pour 4 pélos

3 bananes (+ 1 à 3 pour la déco)

100 g de sucre de canne (ou de cassonade)

80 g de beurre mou

2 œufs

180 g de farine

6 g de levure chimique

100 g de chocolat noir haché (ou de pépites)

Quelques noix

1 pincée de cannelle et 1 pincée de fleur de sel (ça change tout)

Commence par écraser 3 bananes et mélange-les avec tous les ingrédients.

Mets du papier sulfu au fond de ta poêle (double-le pour être sûr), laque-le de beurre fondu, ajoute la (ou les) banane(s) coupée(s) en rondelles pour la déco, puis ta préparation, mets un couvercle et laisse cuire 7 à 10 minutes à feu doux et à couvert. Compte plutôt 7 minutes si c'est du gaz, et 10 voire 15 minutes si c'est un feu à induction qui ne va vraiment pas fort. L'idée, c'est d'obtenir comme un gros pancake presque déjà cuit entièrement, mais sans que ça brûle en dessous, là est tout l'enjeu.

Mets du papier sulfu par-dessus et retourne tant bien que mal ton gâteau comme une tortilla. Aide-toi d'une assiette, ça devrait aller (ouais, c'est la débrouille, hein).

Laisse cuire encore 3 à 5 minutes sur feu doux sans le couvercle cette fois (plutôt 5 à 7 minutes pour l'induction). Normalement, c'est prêt !

Si ça a un peu cramé, la prochaine fois il faudra laisser moins longtemps des deux côtés. Pour cette fois, tu peux retirer le brûlé avec un couteau.

Si ça manque légèrement de cuisson, tu peux remettre quelques instants à feu doux avec le couvercle (2 à 3 minutes) et laisse tirer feu éteint jusqu'à ce qu'il soit froid.

Snickers® maison

LE MATOS (couteau + casserole)

Dans 20 minutes, dis adieu aux Snickers® industriels !

La came

pour 6 Snickers®

100 g de dattes

70 g de cacahuètes grillées

150 g de chocolat noir

Fleur de sel

Dispose tes dattes dénoyautées sur une grande assiette, les cacahuètes grillées par-dessus.

Fais fondre le chocolat au bain-marie ou au micro-ondes par à-coups de 30 secondes (mélange entre chaque temps de chauffe), 1 minute 30 ou 2 minutes devraient suffire.

Balance le chocolat fondu par-dessus les cacahuètes en le répartissant bien.

Mets ça au congèle 20 minutes, puis coupe-le en portions. Dans un tupp, au congèle et tu tapes dedans dès que tu veux.

Marquise poire-chocolat

LE MATOS

20 minutes
plutôt 30 pour les moldus

La came
pour 4 pélos

2 poires
250 g de chocolat noir
5 œufs
175 g de beurre
80 g de sucre en poudre
1 pincée de fleur de sel

Épluche les poires, vide-les et coupe-les en gros morceaux.

Fais fondre le chocolat au bain-marie ou au micro-ondes par à-coups de 30 secondes (mélange entre chaque temps de chauffe), 1 minute 30 ou 2 minutes devraient suffire.

Sépare le blanc des jaunes d'œufs. Monte les blancs en neige à la main, ou si tu as, avec un fouet ou un batteur.

Incorpore le sucre, les jaunes d'œufs ainsi que le beurre à température ambiante au chocolat en remuant énergiquement.

Puis incorpore délicatement les blancs en neige et la fleur de sel.

Place ta préparation dans un moule chemisé de papier sulfu, ajoute les poires et ça part toute une nuit au congélateur.

Fondant au chocolat sans cuisson

LE MATOS 

20 minutes
30 maaaxxx

La came
pour 4 pélos

200 ml de crème fraîche liquide entière

50 g de beurre

200 g de chocolat noir

65 g de poudre d'amandes

65 g de palets bretons

1 pincée de fleur de sel

Fais chauffer ta crème dans une casserole, et quand elle arrive à frémissement, ajoute le beurre. Quand il est fondu et que la crème est à nouveau bien chaude, ajoute le chocolat coupé en pépites et retire tout de suite la casserole du feu.

Attends 1 bonne minute, puis mélange doucement pour que le tout ne fasse qu'un.

Ajoute la poudre d'amandes, les palets bretons émiettés et la fleur de sel. Mixe-moi tout ça pleine balle : on veut que ça soit bien lisse. Direction 4 ramequins, puis le frigo pour la nuit : 8 heures au minimum.

les fruits,

c'est la vie !

Cheesecake pistaches-fruits rouges

LE MATOS 

Dans 20 minutes, tu pourras faire la vaisselle avec ta langue

La came

pour 8 pélos

Pour la base :

115 g de beurre

225 g de biscuit à thé
(La marque Lu® est pas mal.
Surtout pas de Petit Beurre® !)

1 cuil. à soupe de sucre

Pour la garniture :

480 ml de crème fraîche liquide entière (30 % minimum) très froide

680 g de fromage frais Philadelphia® à température ambiante

100 g de sucre

2 cuil. à soupe de jus de citron fraîchement pressé

1-2 cuil. à soupe de pâte de pistaches (100 % pistache)

Pour le coulis de fruits rouges :

1 kg de fruits rouges surgelés (mélange de myrtilles, cassis, groseilles, framboises, etc.)
(et pas juste framboise ou juste myrtille, c'est vraiment moins bon)

3 cuil. à soupe de sucre

Fais fondre le beurre. Émiette les biscuits et balance le beurre fondu dessus ainsi que le sucre, mélange bien.

Dispose cette préparation dans un moule de 22-24 cm de diamètre chemisé de papier sulfu en la répartissant bien, puis tasse-la pour qu'elle soit le plus compacte possible. Réserve au congèle (ou au frigo si y a pas de place au congèle).

Monte la crème en chantilly.

Bats le reste des ingrédients de la garniture jusqu'à ce que le mélange soit lisse.

Incorpore la chantilly délicatement, puis étale cette préparation sur la base.

Réserve au moins 8 heures au frigo avant de déguster.

Fais cuire tes fruits rouges avec le sucre dans une casserole à feu moyen durant 20 minutes environ. À la fin, il ne reste presque plus d'eau. On veut un coulis assez épais. Mixe pleine balle et passe-le à la passoire fine si tu en as une. Réserve le coulis au frigo, tu le serviras avec le cheesecake.

Tiramisu à la framboise

LE MATOS

25 minutes si t'es chaud
plutôt 30 si t'es mou

La came
pour 4 pélos

24 biscuits à la cuillère
600 ml de thé au jasmin
3 œufs
375 g de mascarpone
60 g de sucre
300 g de framboises fraîches

Commence par imbiber tes biscuits à la cuillère de thé. Dispose les biscuits dans un plat.

Sépare le blanc des jaunes d'œufs et blanchis les jaunes avec le sucre.

Monte les blancs en neige à la main, ou si tu as, avec un fouet ou un batteur.

Incorpore le mascarpone aux jaunes, puis ajoute délicatement les blancs en neige.

Verse cette préparation sur les biscuits ainsi que les framboises, par-ci par-là. Allez, zou, au frigo toute la nuit (8 heures minimum) !

Pommes au four mais à la poêle

LE MATOS 

30 minutes et pas 1 de plus

La came

pour 4 pélos

4 pommes

1 noisette de beurre

250 ml de brassin de printemps (bière aux arômes de pomme) (ou de cidre)

9 cuil. à soupe de sirop d'érable

1 gousse de vanille (optionnel)

Chantilly

Épluche tes pommes et coupe-les en quatre en ôtant les pépins.

Fais-les dorer à la poêle avec le beurre. Déglace avec le brassin, ajoute le sirop d'érable et la gousse de vanille fendue en deux.

Fais frémir 5 minutes, puis laisse réduire à feu doux jusqu'à obtenir une consistance légèrement sirupeuse.

Dispose tes quartiers de pomme dans un plat, puis ajoute de la sauce de cuisson et de la chantilly.

Panna cotta mangue-passion

LE MATOS [couteau] + [casserole]

10 minutes
au-delà, appelle ton père et programme une balade avec lui la semaine pro'

La came
pour 4 pélos

500 ml de crème fraîche liquide entière

60 g de sucre

1 gousse de vanille (optionnel)

2,5 feuilles de gélatine (5 g)

1 mangue

2 fruits de la Passion

Le jus et le zeste de 1 citron vert bio

Fais chauffer la crème avec le sucre et la gousse de vanille fendue en deux. Réhydrate la gélatine dans de l'eau très froide. Ajoute la gélatine à la crème hors du feu et remue énergiquement.

Répartis ça dans 4 ramequins et mets au frigo minimum 4 heures pour que ça prenne.

Mixe la chair de la mangue, puis ajoute le jus et le zeste de citron ainsi que la pulpe des fruits de la Passion avant de verser le coulis sur les panna cottas.

Tu peux remplacer le coulis mangue-passion par le coulis de fruits rouges de la p. 160.

Crêpes antigaspi

LE MATOS 

10 minutes
plutôt 20 si t'as pas de mixeur

La came
pour 30 crêpes environ

1 l de lait

100 ml de bière blonde

80 g de beurre fondu

6 œufs (ou 3 œufs + 4 blancs de tes recettes des p. 47 ou 78)

400 g de farine

1 bouchon de rhum (optionnel)

1 pincée de sel

Mélange tous les ingrédients. Perso, je mixe tout au mixeur plongeant.

Ensuite, 2 heures de repos au frigo. Verse 1 louche de pâte dans une poêle bien chaude, légèrement beurrée.

La suite, tu la connais. T'en fais pas, la première crêpe, elle ressemble jamais à rien.

Table des recettes

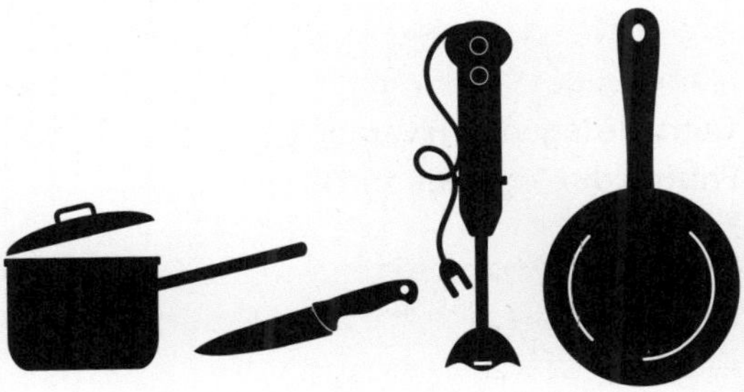

Index des recettes

Index des produits

Remerciements

Qu'est-ce qu'on ne peut acheter ? Le temps.
Pourtant, Nona a réussi à me donner une année !

Nona, c'est la meilleure grand-mère dont tu puisses rêver. Elle cachait des munitions dans nos tables de nuit pour qu'on ait de quoi se goinfrer pendant le film du soir. Quand on était minots, mon petit frère et moi, elle nous apportait le petit déj' au lit...
Elle aime faire la fête et a toujours le mot pour faire marrer.
C'est sans aucun jugement qu'elle m'a recueilli alors que j'avais déjà 26 ans, pas de taf, pas un sou en poche. Elle a cru en mon projet, pourtant le choc générationnel était immense. Sans elle, je n'aurais sûrement pas réussi à faire de la cuisine mon métier. Alors un ÉNORME MERCI à toi, Nona, je t'aime.

Plus tard, sur le chemin, j'ai rencontré la team Binôme.
Chloé, Anne et Stephane ont structuré le bazar qu'était ma vie pro. Grâce à eux, j'avance sereinement dans ce monde de l'influence qui n'était pas du tout le mien.
Binôme, c'est une grosse famille et c'est un bonheur d'en faire partie. MERCI.

Quentin, c'est mon éclaireur. Il est parti solo en tête, a percé dans ce milieu et a ouvert le chemin à ses amis. Il a fait germer l'idée dans mon esprit et l'a entretenue sans le savoir. Après ça, il ne m'a jamais lâché, dans les moments de succès mais aussi ceux de doute, son soutien a toujours été sincère et important pour moi. MERCI.

Un jour, j'ai reçu un commentaire sur une de mes vidéos qui disait : « Ça serait chouette qu'on fasse un livre. » C'était Louise, et aujourd'hui, c'est fait !
C'est drôle comme parfois les choses peuvent arriver simplement. MERCI d'avoir cru en ce livre avant même que j'aie l'idée d'en écrire un.

Fanny, Diane, merci de m'avoir si bien accompagné. J'aime beaucoup le rendu de ce livre et c'est parce que vous savez écouter et comprendre les envies des auteurs. Un gros, GROS MERCI à toute l'équipe de la maison d'édition pour ce travail.

Direction : Didier Férat
Direction éditoriale : Fanny Ecochard-Martin
Édition : Diane Monserat
Conseillère littéraire : Louise Giovannangeli
Corrections : Marie Minuit
Relecture : Christine Cameau
Graphisme : Marina Delranc
Mise en pages : Chloé Senget
Photogravure : Chromostyle
Fabrication : Laurence Duboscq

92, avenue de France, 75013 Paris, France
Tél. : 01 44 16 09 00
Courriel : contact_solar@edi8.fr
Site Internet : www.lisez.com

ISBN : 978-2-263-18941-8
Code éditeur : L18941/01
Dépôt légal : mai 2025
Imprimé en Espagne par Graficas Estella en mars 2025